# 做新时代最好的
# 国企干部

刘玉瑛 著

新华出版社

## 图书在版编目（CIP）数据

做新时代最好的国企干部 / 刘玉瑛著. —北京：新华出版社，2020.10（2025.2重印）

ISBN 978-7-5166-5367-8

Ⅰ.①做… Ⅱ.①刘… Ⅲ.①国有企业－干部培训－中国－学习参考资料 Ⅳ.①F279.241

中国版本图书馆CIP数据核字（2020）第182100号

## 做新时代最好的国企干部

作　　者：刘玉瑛

责任编辑：沈文娟　　　　　　　封面设计：李尘工作室
责任校对：刘保利

出版发行：新华出版社
地　　址：北京市石景山区京原路8号　　邮　　编：100040
网　　址：http：//www.xinhuapub.com
经　　销：新华书店
　　　　　新华出版社天猫旗舰店、京东旗舰店及各大网店
购书热线：010-63077122　　中国新闻书店购书热线：010-63072012

照　　排：李尘工作室
印　　刷：大厂回族自治县众邦印务有限公司
成品尺寸：170mm×240mm　1/16
印　　张：13.25　　　　　　　　字　　数：140千字
版　　次：2020年12月第一版　　印　　次：2025年2月第三次印刷
书　　号：ISBN 978-7-5166-5367-8
定　　价：45.00元

版权专有，侵权必究。如有质量问题，请与出版社联系调换：010-63077124

# 前言

国有企业是国民经济发展的中流砥柱，国企干部是党在国家经济领域的执政骨干，是引领国有企业改革发展的关键人物。国企干部的素质能力如何，直接关乎国有企业改革的成败得失，直接决定国有企业发展的快慢兴衰。因此，我党特别重视国企干部队伍建设。在2016年10月全国国有企业党的建设工作会议上，习近平总书记对国企干部提出了20个字的基本要求，即"对党忠诚、勇于创新、治企有方、兴企有为、清正廉洁"。2018年中办国办印发的《中央企业领导人员管理规定》则鲜明地将"20个字"的基本要求写进总则第一条。

这是2013年6月28日习近平总书记在全国组织工作会议上提出的"信念坚定、为民服务、勤政务实、敢于担当、清正廉洁"的20字好干部标准在国有企业的具体化。

国企好干部这"20个字"的基本要求，是检验一位国企干部是否合格的重要标准，是基于国企干部肩负着经营管理国有资产、实现保值增值的重要责任所提出的标准要求，是新时代做最好国企干部的根本遵循。

国企干部怎样才能做到这"20个字",成为新时代最好的国企干部?本书紧密结合习近平总书记2016年10月在全国国有企业党的建设工作会议上的讲话精神,紧密结合2020年7月21日习近平总书记在企业家座谈会上的讲话精神,从理论和实践的层面给予了具体的解答。

本书既适合做国企干部提升自身素质能力的阅读书籍,也适合做国企党校和培训中心对国企干部的培训教材。

在撰写本书的过程中,我曾参阅、引用了部分报纸杂志发表的资料来阐述、说明问题,这些资料大多在引用时已有注明,这里就不一一列举,我谨在此向原作者致以诚挚的谢意!

同时,我还要对新华出版社副社长黄春峰先生说一句"谢谢",他为本书的"问世"付出了辛勤的劳动。

刘玉瑛

2020年7月30日

# 目录
## CONTENTS

**第一章** 新的时代，要求国企干部把握大势提升能力 / 1

一、中国的社会正处于新的历史方位 / 1

（一）新时代我国社会的主要矛盾 / 2

（二）新的社会主要矛盾提出了新任务 / 6

（三）新任务对国企干部提出了新要求 / 9

二、新时代国企干部队伍面临新挑战 / 10

（一）政治素质有待加强 / 10

（二）创新精神有待涵养 / 14

（三）治企本领有待提升 / 17

（四）责任担当有待强化 / 20

（五）道德品行有待端正 / 21

三、新时代国企干部肩负的重要责任 / 24

（一）紧紧扭住企业发展这个"第一要务" / 24

（二）紧紧抓住落实执行这个"第一手段" / 28

（三）紧紧把住党的领导这个"核心灵魂" / 30

## 第二章 对党忠诚,要求国企干部为党分忧为党尽职 / 33

### 一、对党忠诚是国企干部根本的政治担当 / 33

(一)对党忠诚是党对党员干部始终如一的要求 / 34

(二)新时代强调国企干部对党忠诚的重要性 / 35

(三)对党忠诚是国企干部优秀的政治品质 / 37

### 二、新时代国企干部对党忠诚的具体体现 / 40

(一)牢记第一职责是为党工作 / 40

(二)牢固树立"四个意识" / 43

(三)坚决做到"四个服从" / 47

(四)坚决执行党的路线方针政策 / 49

### 三、国企干部要锤炼对党忠诚的政治品质 / 50

(一)筑牢对党忠诚的思想基础 / 50

(二)把对党忠诚作为唯一选择 / 55

(三)对党忠诚需要真实地践行 / 56

## 第三章 勇于创新,要求国企干部敢闯敢干敢为人先 / 59

### 一、勇于创新是国企干部基本素质要求 / 59

(一)勇于创新才能冲破思想观念的障碍 / 60

(二)勇于创新才能顺应时代发展的大势 / 60

（三）勇于创新才能在激烈的竞争中胜出 / 61

（四）勇于创新才能成为最好的国企干部 / 62

## 二、勇于创新是企业发展的灵魂和动力 / 63

（一）创新是企业发展的不竭动力 / 64

（二）破除影响创新的思维障碍 / 66

（三）培养有益于创新的思维方式 / 71

## 三、理念的创新和营造良好的创新环境 / 75

（一）理念的创新是创新活动的先导 / 75

（二）营造创新的良好制度机制环境 / 77

（三）勇于创新要敢闯敢试攻坚克难 / 79

# 第四章 治企有方，要求国企干部把好方向科学管理 / 80

## 一、把方向，做正确的事情 / 80

（一）审时度势，着眼全局，考虑长远 / 82

（二）三个要素，正确把握，全盘考量 / 84

（三）围绕目标，选择方案，作出抉择 / 85

（四）权衡利弊，避免陷阱，果断拍板 / 86

## 二、带队伍，做到知人善任 / 87

（一）凝聚企业员工的思想共识 / 87

（二）激发企业员工的工作热忱 / 90

（三）选人用人公道正派任人唯贤 / 95

（四）建立从严管理体系 / 98

### 三、保落实，把事情做正确 / 100

（一）紧紧把握抓落实的根本 / 101

（二）培育良好的落实文化 / 102

（三）打造高效落实的团队 / 105

（四）以制度建设为保障机制 / 107

## 第五章 兴企有为，要求国企干部勇于担当善于作为 / 114

### 一、坚定地担负起政治责任 / 114

（一）同党中央保持高度一致 / 115

（二）严守政治纪律和政治规矩 / 115

（三）在大政方针下谋划具体工作 / 124

### 二、坚定地担负起改革责任 / 126

（一）坚定深化国企改革的必胜信心 / 127

（二）培养深化国企改革的政治勇气 / 128

（三）增强深化国企改革的政治定力 / 129

### 三、坚定地担负起岗位责任 / 130

（一）明确自身的社会角色 / 130

（二）清楚工作责任的边界 / 132

（三）把担当化为工作使命 / 135

## 第六章 清正廉洁，要求国企干部秉公用权不徇私情 / 138

### 一、筑牢清正廉洁的思想基础 / 138

（一）树立正确的价值观 / 139
（二）树立正确的权力观 / 140
（三）树立正确的幸福观 / 143

### 二、发扬艰苦奋斗的优良作风 / 144

（一）艰苦奋斗是我党的优良传统 / 144
（二）艰苦奋斗是腐败堕落的克星 / 148
（三）新时代对艰苦奋斗的新要求 / 149

### 三、守住清正廉洁的掌权底线 / 151

（一）忠诚履行公职 / 151
（二）慎独慎初慎微 / 154
（三）保持清醒头脑 / 158

## 第七章 扩大格局，在爱国诚信等方面不断提升自己 / 166

### 一、提升爱国奋斗强大力量 / 166

（一）爱祖国是中华民族传统的美好道德 / 167

（二）爱祖国是实现中国梦强大精神力量 / 168

（三）树立祖国尊严神圣不可侵犯的观念 / 168

## 二、培养诚实守信道德品行 / 170

（一）诚信决定企业的兴衰成败 / 170

（二）诚信是一个人的立身之本 / 177

（三）培养诚信的经营管理思想 / 179

## 三、学习修养扩大自身格局 / 183

（一）读书学习是必不可少的条件 / 183

（二）确立科学思维方式至关重要 / 194

（三）加强道德品质修养不可或缺 / 199

## 第一章

# 新的时代，
# 要求国企干部把握大势提升能力

2017年10月18日，中国共产党第十九次全国代表大会在北京召开，习近平总书记代表第十八届中央委员会向大会作报告。他在报告中庄严宣告："经过长期努力，中国特色社会主义进入了新时代。"

"中国特色社会主义进入了新时代"，这是我国经济社会发展的新的历史方位。国有企业的各级干部必须对这一历史方位有深刻的认识，对面临的新挑战和新机遇有正确的认知，并对新时代提出的新要求有充分的了解，这样才能把握大势，认清全局，提升能力，做新时代最好的国企干部。

### 一、中国的社会正处于新的历史方位

"中国特色社会主义进入了新时代"，这是一个重大而科学的政治论断，它标志着我国经济社会正处于新的历史方位。正确认识新的历史方位的主要特征以及对国企干部提出的新要求，是做新时代最好国

企干部的逻辑起点。因为明确方位才能找准方向，把握大势才能赢得未来。

## （一）新时代我国社会的主要矛盾

"中国特色社会主义进入了新时代，我国社会主要矛盾已经转化为人民日益增长的美好生活需要和不平衡不充分的发展之间的矛盾。"这是以习近平同志为核心的党中央对当今中国社会发展阶段性特征所作出的科学而正确的判断。

马克思主义认识论告诉我们，事物是发展变化的，矛盾不是一成不变的。中国社会在不同历史阶段有着不同的社会主要矛盾，而不同的社会主要矛盾有着不同的解决主要矛盾的工作任务。

第一，旧中国社会的主要矛盾。在旧中国，中国社会的主要矛盾是中国人民同"三座大山"，即同帝国主义、封建主义、官僚资本主义的统治之间的矛盾。

要解决这一社会主要矛盾，就要推翻"三座大山"。如何推翻"三座大山"？中国共产党坚持把马克思列宁主义的基本原理同中国社会的具体实际相结合，找到了一条以农村包围城市、武装夺取政权的正确革命道路，并运用"统一战线、武装斗争、党的建设"这三大主要法宝，经过二十八年的浴血奋战，推翻了"三座大山"，完成了新民主主义革命。1949年10月1日，中华人民共和国中央人民政府的成立，标志着新民主主义革命的基本胜利。

当"三座大山"被推翻，完成了新民主主义革命，这一社会的主要矛盾就得到了解决。

第二，新中国成立之初中国社会的主要矛盾。中华人民共和国成立之初，即1949年至1956年，是我国向社会主义过渡的时期。此时，我国社会的主要矛盾是无产阶级同资产阶级之间的矛盾。要解决这一社会主要矛盾，就要推翻资产阶级统治。

如何推翻资产阶级统治？中国共产党领导全国人民开展了"三反""五反"运动，进行了"三大改造"。

"三反""五反"运动是1951年年底到1952年10月间我国在党政机关工作人员中开展的"反贪污、反浪费、反官僚主义"和在私营工商业者中开展的"反行贿、反偷税漏税、反盗骗国家财产、反偷工减料、反盗窃国家经济情报"斗争的统称。"三大改造"，即农业、手工业和资本主义工商业的社会主义改造。

随着"三反""五反"运动的结束和"三大改造"任务的基本完成，我国的无产阶级同资产阶级之间的矛盾已经基本上得到了解决，同时，也标志着几千年来的阶级剥削制度的历史已经基本上结束，社会主义社会的道路、制度在我国已经基本上建立了起来。

第三，党的八大提出的我国社会的主要矛盾。1956年9月15日至27日，中国共产党第八次全国代表大会在北京召开，大会在27日通过了《关于政治报告的决议》（以下简称《决议》）。

《决议》指出，由于资产阶级民主革命和社会主义革命的胜利，生产力发展的障碍基本上已经扫除了，"我们国内的主要矛盾，已经是人民对于建立先进的工业国的要求同落后的农业国的现实之间的矛盾，已经是人民对于经济文化迅速发展的需要同当前经济文化不能满足人民需要的状况之间的矛盾。这一矛盾的实质，在我国社会主义制度已经建立的情况下，也就是先进的社会主义制度同落后的社会生产力之间的矛盾"。

《决议》在分析揭示了社会的主要矛盾之后，明确提出了党和全国人民当前的主要任务："就是要集中力量来解决这个矛盾，把我国尽快地从落后的农业国变为先进的工业国。"

《决议》认为，"这个任务是很艰巨的，我们必须在经济、政治、文化等方面采取正确的政策，团结国内外一切可能团结的力量，利用一切有利的条件，来完成这个伟大的任务"。

在八大提法的基础上，1981年6月十一届六中全会通过的《关于建国以来党的若干历史问题的决议》进一步明确："在社会主义改造基本完成以后，我国所要解决的主要矛盾，是人民日益增长的物质文化需要同落后的社会生产之间的矛盾。"这是对我国社会主要矛盾所作的规范表述。

如何解决这一主要矛盾？《关于建国以来党的若干历史问题的决议》明确了工作任务："党和国家工作的重点必须转移到以经济建设为中心的社会主义现代化建设上来，大大发展社会生产力，并在这个基础上逐步改善人民的物质文化生活。"

在党的十九大之前，关于我国社会主要矛盾的表述，都是："我国社会的主要矛盾是人民日益增长的物质文化需要同落后的社会生产之间的矛盾。"

本文之所以要用诸多笔墨来追溯我国社会主要矛盾的表述,就是想说明一个问题:不同的时代有着不同的社会主要矛盾,不同的社会主要矛盾有着不同的工作任务,不同的工作任务对各级各类干部有着不同的素质能力要求。

第四,党的十九大对中国社会主要矛盾的判断。从1956年至2017年,计61年的时间;从1981年至2017年,计36年的时间。

这数十年,尤其是改革开放近四十年来,中国的社会生产力和社会需求都发生了巨大的变化,社会生产尤其是物质生产,已经是"天翻地覆慨而慷"。2019年国内生产总值接近百万亿元,稳居世界第二;高铁、公路、桥梁、港口、机场等基础设施建设快速推进;农业现代化稳步推进,2019年全国粮食总产量达66384万吨。

物质生产的高速发展,使得最广大人民群众的物质需求得到了极大的满足。因此,最广大人民群众的需求,已经不再仅仅局限于"物质文化"层面上了,而是在"物质文化生活"高级化需求的同时,具有了多元化的需求,即在民主、法治、公平、正义、安全、环境等方面的要求日益增长。

需求方的需求发生变化了,但供给方的发展却不平衡不充分。这就形成了社会的主要矛盾,即"人民日益增长的美好生活需要和不平衡不充分的发展之间的矛盾"[①]。

党的十九大做出的社会主要矛盾的新表述,是开启全面建设社会

---

① 习近平:《决胜全面建成小康社会 夺取新时代中国特色社会主义伟大胜利——在中国共产党第十九次全国代表大会上的报告》,人民出版社,2017年。

主义现代化国家新征程的起始点，是对中国特色社会主义建设规律认识的新升华。

## （二）新的社会主要矛盾提出了新任务

社会主要矛盾的转化揭示出当今时代我国经济社会发展的实际状况和人民群众生活的实际水平。这就对党和国家各方面的工作提出了新的要求。正如习近平总书记在十九大报告中所指出的："必须认识到，我国社会主要矛盾的变化是关系全局的历史性变化，对党和国家工作提出了许多新要求。"①

既然我国社会主要矛盾的变化对党和国家工作提出了许多新要求，我们就需要在继续推动发展的基础上，着力解决好以下几个方面的问题：

第一，发展不平衡不充分的问题。习近平总书记指出："我国稳定解决了十几亿人的温饱问题，总体上实现小康，不久将全面建成小康社会，人民美好生活需要日益广泛，不仅对物质文化生活提出了更高要求，而且在民主、法治、公平、正义、安全、环境等方面的要求日益增长。同时，我国社会生产力水平总体上显著提高，社会生产能力在很多方面进入世界前列，更加突出的问题是发展不平衡不充分，这已经成为满足人民日益增长的美好生活需要的主要制约因素。"②

不平衡，是就发展的区域范围来讲的。比如说东部和西部的发展

---

①② 习近平：《决胜全面建成小康社会 夺取新时代中国特色社会主义伟大胜利——在中国共产党第十九次全国代表大会上的报告》，人民出版社，2017年。

不平衡，城乡发展不平衡，群体收入不平衡，等等。

"2016年东部地区人均GDP分别是中部、西部、东北地区的1.77、1.85、1.62倍，省际之间人均GDP差距最高达4倍以上。

"2017年我国城市化率为58.52%，仍然远低于发达国家80%左右的平均水平。

"我国城乡居民收入差距仍然较大，城乡基础设施和公共服务的差距仍很明显。2017年，城镇居民可支配收入是农村居民的2.7倍，城镇居民人均消费支出是农村居民的2.2倍。

"2016年我国的基尼系数为0.465，如果考虑到财产存量的差距，分配不平衡的问题更加突出。"①

不充分，是从发展的层级和质量来讲的。比如说，现在我国是世界第二大经济体，总量是非常大的，但是发展质量还有待提高。

"发达国家国内生产总值中第一产业所占比重一般在2%左右，第二产业一般在23%左右，且以高端制造业为主；第三产业所占比重在75%左右。改革开放以来，我国产业结构不断优化升级，总体上呈现一二产占比下降，三产占比上升的格局，2017年我国三次产业占比为7.9∶40.5∶51.6。与发达国家相比，我国第一产业占比仍较高，制造业大而不强，整体上处于全球产业链的中低端，中高端产品有效供给不足。服务业占比偏低，知识密集型的现代服务业占比更低。这样的产业结构反映了我国产业竞争力仍不强，技术含量仍较

---

① 王远鸿：《如何看待我国仍是最大的发展中国家》，国家发改委网站，2018年4月13日。

低，创新能力仍不足，也反映了我国在国际分工中还处于相对不利地位。"①

习近平总书记曾经用比喻的方式指出，块头大不等于强，体重大不等于壮，有时是虚胖。只有经济总量而没有先进科学技术支撑是不够的。

第二，大力提升发展质量和效益问题。近些年来，由于我国大力实施创新驱动发展战略，创新型国家建设取得了丰硕的成果，天宫、蛟龙、天眼、悟空、墨子、大飞机等重大科技成果相继问世。除此而外，我国也有220多种主要工业品产量居世界首位。尽管如此，我国的发展质量、增长效益等，还有待于大力提升。就目前的生产而言，我国生产的多为劳动密集型和低附加值的产品，企业自主创新能力较弱，总体上仍处于国际分工的中低端。

我国经济总量的跃升，我国社会主要矛盾的变化，并没有改变我们对我国社会主义所处历史阶段的判断，我国仍处于并将长期处于社会主义初级阶段的基本国情没有变，我国是世界最大发展中国家的国际地位没有变。②

发展质量和效益是一个国家持续健康发展的必要条件，是大国和强国的本质区别。因此，我们要建设中国特色社会主义现代化强国，必须坚持质量第一、效益优先，大力提升发展质量和效益。

---

① 王远鸿：《如何看待我国仍是最大的发展中国家》，国家发改委网站，2018年4月13日。

② 习近平：《决胜全面建成小康社会 夺取新时代中国特色社会主义伟大胜利——在中国共产党第十九次全国代表大会上的报告》，人民出版社，2017年。

第三，更好地满足人民需要的问题。改革开放四十年来，中国社会的经济快速发展，人们的物质生活得到了极大的满足。物质生活的满足，使得人民群众的需求有了重大的改变。正如习近平总书记在十九大报告中所指出的："我国稳定解决了十几亿人的温饱问题，总体上实现小康，不久将全面建成小康社会，人民美好生活需要日益广泛，不仅对物质文化生活提出了更高要求，而且在民主、法治、公平、正义、安全、环境等方面的要求日益增长。"

这就需要我们各级各类干部在以习近平同志为核心的党中央的领导下，努力奋斗，来更好地满足人民在经济、政治、文化、社会、生态等方面日益增长的需要，来更好地推动人的全面发展、社会的全面进步，决胜全面建成小康社会，夺取新时代中国特色社会主义伟大胜利，实现中华民族的伟大复兴。

### （三）新任务对国企干部提出了新要求

1938年9月29日至11月6日，中国共产党在延安召开扩大的六届六中全会。在这次会议上，毛泽东同志强调："政治路线确定之后，干部就是决定的因素。"邓小平同志也曾经指出："正确的政治路线要靠正确的组织路线来保证。"

2013年6月28日，习近平总书记在全国组织工作会议上提出了"信念坚定、为民服务、勤政务实、敢于担当、清正廉洁"的20个字的好干部标准。这是为建设中国特色社会主义现代化强国提供干部队伍的保障。

对于国有企业的干部队伍，习近平总书记则基于"国有企业领导人员是党在经济领域的执政骨干，是治国理政复合型人才的重要来源，肩负着经营管理国有资产、实现保值增值的重要责任"的地位、作用和重要使命，在2016年10月全国国有企业党的建设工作会议上，提出了20个字的素质能力要求。这就是："对党忠诚、勇于创新、治企有方、兴企有为、清正廉洁"。这实际上是20个字的好干部标准在国有企业的具体化。

"对党忠诚、勇于创新、治企有方、兴企有为、清正廉洁"这20个字，不仅是国企干部完成新的历史使命的重要素质能力要求，也是选拔、任用、考核、评价国企干部的重要标准。

## 二、新时代国企干部队伍面临新挑战

建成富强民主文明和谐美丽的社会主义现代化强国，实现中华民族的伟大复兴，是党和国家的奋斗目标，也是全国人民的期盼。

这一奋斗目标在实现的过程中，对国企干部来说，是重大机遇，也是新的挑战。它要求党在经济领域执政骨干的国企干部具有与之相适应的素质和能力，来迎接这一挑战。

从总体上看，国企干部队伍的整体素质能力是完全能够胜任这艰巨而光荣的战略目标任务的，但也存在着一些亟待解决的问题。

### （一）政治素质有待加强

政治素质，是一个人对于政治，特别是对于自己所承担的政治义务和所享受的政治权利的理解、把握、反映和见之于行动等情况的总和。

毛泽东同志曾经指出:"政治是统帅,是灵魂,是生命线。"党的十八大以来,习近平总书记也反复强调,政治上有问题的人,能力越强、职位越高,危害就越大。政治品德不过关,就要一票否决。坚持好干部标准,就要把政治标准放在第一位,作为硬杠杠。如果政治不合格、不过硬、靠不住,能耐再大也不能用。

在新时代,国企干部政治素质是否过硬,主要表现在以下几个方面:

第一,对党是否忠诚。习近平总书记指出:"对党忠诚,不是抽象的而是具体的,不是有条件的而是无条件的,必须体现到对党的信仰的忠诚上,必须体现到对党组织的忠诚上,必须体现到对党的理论和路线方针政策的忠诚上。"[①]

从习近平总书记的这段话中,我们可以看出,评价一个国企干部对党是否忠诚,主要看以下三个方面的情况:

一是对党的信仰是否忠诚。马克思主义是共产党人的坚定信仰。正如习近平总书记所指出的:"无论是处于顺境还是逆境,中国共产党从未动摇对马克思主义的信仰","背离或放弃马克思主义,中国共产党就会失去灵魂、迷失方向。在坚持马克思主义指导地位这一根本问题上,我们必须坚定不移,任何时候任何情况下都不能有丝毫

---

① 新华网:《中共中央政治局召开民主生活会,习近平主持会议并发表重要讲话》,2016年12月27日。

动摇。"①

二是对党的组织是否忠诚。对党的组织忠诚，核心要义是坚决做到"两个维护"，即"坚决维护习近平总书记党中央的核心、全党的核心地位，坚决维护党中央权威和集中统一领导"。

办好中国的事情，关键在党。要治理好我们这个有着9191.4万名党员的大党、治理好我们这个有着960万平方公里土地、14多亿人口的大国，做到"两个维护"至关重要。

三是对党的理论和路线方针政策是否忠诚。党的理论和路线方针政策是党的意志和党的宗旨的体现。中国共产党是中国特色社会主义事业的领导核心，代表中国先进生产力的发展要求，代表中国先进文化的前进方向，代表中国最广大人民的根本利益。党的理论路线方针政策就是具体的领导和代表方略。

因此，对党忠诚的核心要义，就是要对党的理论和路线方针政策的忠诚，即坚定不移地贯彻落实执行党的理论和路线方针政策。

第二，理想信念是否坚定。共产主义远大理想和中国特色社会主义共同理想，是中国共产党人的精神支柱和政治灵魂，是党的国企干部安身立命之本。

在现阶段，我国各族人民的共同理想，就是"到建党一百年时建成经济更加发展、民主更加健全、科教更加进步、文化更加繁荣、社会更加和谐、人民生活更加殷实的小康社会，然后再奋斗三十年，到

---

① 习近平：《在庆祝中国共产党成立95周年大会上的讲话》，人民网，2016年7月2日。

新中国成立一百年时，基本实现现代化，把我国建成社会主义现代化国家。"①

习近平总书记强调指出："理想信念就是共产党人精神上的'钙'，没有理想信念，理想信念不坚定，精神上就会'缺钙'，就会得'软骨病'。"

国企干部应该坚定共产主义的远大理想和中国特色社会主义的共同理想。

第三，党性原则是否坚强。党性原则是衡量评价党员、党员干部党性强弱的标准尺度。换一句话讲，我们评价一位党员、党员干部党性强还是弱，怎么评价？评价是需要标准的。这个标准就是党性原则，即坚持以马克思主义为行动指南；为实现共产主义远大目标而奋斗终身；全心全意为人民服务作为根本宗旨；自觉遵守党的纪律；始终同人民群众保持密切联系；勇于开展批评和自我批评，坚持真理，修正错误。

任弼时同志曾经指出："党性是以党员的思想意识、政治观点、言论行动来作标志，来测量的。"②

国有企业的干部，必须具有过硬的政治素质，这种素质是国企干部从事企业领导活动所必须具备的基本条件和基本品质。

从总体上看，绝大多数的国企干部是有着过硬的政治素质的，他

---

① 习近平：《决胜全面建成小康社会 夺取新时代中国特色社会主义伟大胜利——在中国共产党第十九次全国代表大会上的报告》，人民出版社，2017年。
② 任弼时：《关于增强党性问题的报告大纲》，《任弼时选集》，人民出版社1987年，第231页。

们对党忠诚、理想信念坚定,党性原则坚强,但也有少部分国企干部政治素质有待进一步加强。

他们有的放弃了对马克思主义的信仰,不信马列信鬼神;有的动摇了共产主义的信念,对社会主义没有信心。

"我的理想信念已经有所松动了,认为共产主义理想只是一种抽象的遥不可及的概念而已,只是写在纸上挂在墙上,是很难落地的……"这段文字,出自浙江省金融控股有限责任公司原党委书记、董事长钱巨炎落马后所写的忏悔录。①

翻阅近年来国企落马干部的忏悔录,我们不难发现,这些人违纪违法的方式手段虽然因人而异,但"背离初心"、"理想信念动摇",没有过硬的政治素质是他们堕落轨迹的共同逻辑起点。

**(二)创新精神有待涵养**

党的十九大提出了两个一百年的奋斗目标。第一个一百年,是到中国共产党成立一百年时(2021年)全面建成小康社会;第二个一百年,是到新中国成立一百年时(2049年)建成富强、民主、文明、和谐、美丽的社会主义现代化国家。

这是中国特色社会主义的伟大事业。"越是伟大的事业,往往越是充满艰难险阻,越是需要开拓创新。"② 判断一个国企干部是否具有

---

① 王卓:《落马官员忏悔录——丢掉初心,走上不归路》,《中国纪检监察报》,2019年6月20日。
② 习近平:《在纪念邓小平同志诞辰110周年座谈会上的讲话》,《人民日报》,2014年8月21日2版。

开拓创新精神，可以考量以下几点：

第一，是否善于独立思考，不迷信权威。善于独立思考，不迷信权威，是具有开拓创新精神的重要特征。

关于"独立思考"的重要性，德国著名哲学家亚瑟·叔本华说得很清楚。他说："一种纯粹靠读书学来的真理，与我们的关系，就像假肢、假牙、蜡鼻子甚或人工植皮。而由独立思考获得的真理就如我们天生的四肢：只有它们才属于我们。"

独立思考，才能克服教条主义，思想才不会僵化。作为国企干部，他如果一切从本本出发，思想僵化，因循守旧，他就不可能进步，也就做不好企业的领导和管理工作。所以，毛泽东同志形象地要求："教条主义必须休息，而代之以新鲜活泼的、为中国老百姓所喜闻乐见的中国作风和中国气派。"①

第二，是否勇于探索，不墨守成规。墨守成规是企业发展之大忌。客观事物总是在不断地发展，客户的需求总是在不断地改变，市场环境总是在不断地变化，这就需要国企干部敢于打破陈规陋习，敢为天下先，不断地探索新的技术和新的经营思路，倾力打造生产、管理的创新机制。

第三，是否开拓进取，不故步自封。一个故步自封的人是不可能有创新精神的。具有创新精神的人注定是一个开拓进取者。他们不满足于已有的经验和成绩，而是以开拓进取的精神去寻求更大的成功。

---

① 毛泽东：《毛泽东选集》（第2卷），人民出版社，1991年6月第2版，第534页。

创新精神在实现伟大事业、振兴企业的实践中，是必不可少的。具有创新精神的企业干部，所领导、管理的企业，必定能做大、做强、做好，如海尔集团的做大做强做好，张瑞敏功不可没。

相反，一个没有创新精神的企业干部，所领导、管理的企业，即便是原来做大的企业，也会成为"做小"的企业，甚至是"做没了"的企业。

总而言之，一个没有开拓创新精神、故步自封的人注定不会成为新时代最好的国企干部；一家缺乏开拓创新精神、抱残守缺的企业注定要品尝失败的苦果。诺基亚的"枯萎"就是典型的案例。

在手机领域，诺基亚曾经是全球的大哥大，市值一度位居全球上市公司之首。但在2013年10月，这家企业却仅以72亿美元出售了旗下最核心的手机业务，这一售价还不足当年辉煌时期公司上千亿市值的零头。

曾经辉煌了整整十几年的企业为什么仅仅两三年的时间就走向了衰落？一个很重要的原因，就是该企业因循守旧，不创新。

诺基亚的品牌曾经很响亮，但仅靠品牌的力量是难能让消费者永远爱它没商量；诺基亚的产品质量的确过得硬，但过得硬的产品质量并不能阻止诺基亚市场份额的下跌。

作为诺基亚企业的管理者应该知道，手机是很有时尚性、介于快速消费品和耐用消费品之间的电子产品，这种产品要想在手机生产企业遍天下的市场环境中守住天下，必须在外观、功能、技术等方面进行创新，才能有竞争力。可惜，诺基亚企业的管理者不知道。

苹果公司首席执行官蒂姆·库克在谈及诺基亚时说:"不创新必然带来消亡。诺基亚就是一个不创新而枯萎的案例,尽管它曾经在全球市场份额中占有重要地位。这可能正是诺基亚对所有企业敲响的警钟。"①

反思我们的国有企业,在开拓创新方面,也是很不尽如人意的。除了制度方面没有形成很好的创新机制之外,也跟我们有些国企干部创新精神不强,甚至没有创新精神直接相关。因此,国企干部有待于涵养创新精神。

### (三)治企本领有待提升

要做新时代最好的国企干部,必须有治企本领。十九大报告就要求党的干部"既要政治过硬,也要本领高强"。

要做新时代最好的国企干部,需要各种各样的本领,但就领导的一般过程上讲,主要是正确决策的本领、确保落实的本领和知人善任的本领。因此,衡量一个国企干部治企本领强弱,主要看以下三个方面的情况:

第一,能否正确决策。决策是做"正确的事"。这是国企干部最重要的一项职责。决策正确,能给企业带来发展,能给国家带来繁荣,能给人民带来幸福;决策失误,将会给企业、给国家、给人民带来难以弥补的损失。所以古人认为,决策是"生死之地,存亡之道"。

---

① 萧然:《诺基亚没落的启示:一个不创新而枯萎的案例》,《人民日报》,2013年10月14日19版。

2002年9月，新希望集团董事长刘永好在接受记者采访时，谈及中国企业家失败的原因时认为："70%—80%是在于投资失败，而投资的失败源于决策失误。"

巨人集团总裁史玉柱，在巨人大厦上的失败，就是一个典型的例子。

1992年，史玉柱决定建造巨人大厦。当初，他的计划是盖18层公司自用的高楼。后来，一位领导到巨人集团视察。这位领导到巨人大厦工地参观时，用当时某媒体的话讲，是"四周顾盼、兴致高涨"。他对史玉柱说："这个位置很好，为什么不盖高一点？"

史玉柱听了这句话，马上改变了主意，决定加高楼层，要盖个"全国第一高楼"。

于是，楼层从18层到38层到54层到64层到70层。设计投资也从2亿元人民币增加到12亿元人民币。

1996年，巨人大厦资金告急。1997年只建到地面三层的巨人大厦停工，史玉柱也从"人间蒸发"。

3年后，复出的史玉柱在接受记者采访时表示，当时建造巨人大厦的行为"哪儿像是办企业的人做的？更像是幼儿园一群人在那里拍板"。

的确像是幼儿园一群人在那里拍板。上层领导的一句话，就让史玉柱忘乎所以。结果，一座巨人大厦就这样拖垮了巨人集团。

第二，能否确保落实。落实，是"把事情做正确"。正确的决策，需要有效的落实。领导决策，就是通过落实而获得决策效果的。

习近平总书记在全国国有企业党的建设工作会议上强调:"国有企业党组织发挥领导核心和政治核心作用,归结到一点,就是把方向、管大局、保落实。""把方向、管大局"需要正确决策,"保落实",需要确保把正确决策落到实处。

制定决策解决的是"干不干""干什么""能不能干"的问题,而落实阶段解决的则是"怎样去干""干得效果如何"的问题。二者之间是认识和实践的关系。因此,国企干部在确定了正确的决策之后,还要确保落实。正如习近平总书记所指出的:"我们的所有成就,都是干出来的。这里的关键,就是始终注重抓落实。如果落实工作抓得不好,再好的方针、政策、措施也会落空,再伟大的目标任务也实现不了。"①

确保落实是实现决策目标的必备条件。决策目标的实现,必须以准确果断的落实执行为基础和前提。正确的决策如果没有有效的落实执行,是毫无意义可言的。正像这个公式所表述的:"决策+不落实=0"。

有这样一种说法:成功的企业,企业决策时,有十种声音,但在落实执行决策时,则只有一种声音——坚决服从,令行禁止;而失败的企业,决策时,只有一种声音,老总出主意,老总拍板,但在落实执行决策时,却有十种声音。这也做不到,那也办不了。

第三,能否知人善任。在唐代史学家吴兢所著的《贞观政要》中,载有唐太宗李世民的一句名言:"为政之要,惟在得人,用非其才,

---

① 习近平:《关键在于落实》,中央政府网,2011年3月16日。

必难致治。"这是唐太宗治国理政的经验总结。历史证明，事业的兴衰，政权的兴亡，与人才有着非常密切的关系。正像诸葛亮所总结的："亲贤臣，远小人，此先汉所以兴隆也；亲小人，远贤臣，此后汉所以倾颓也。"

国有企业的干部，要治企有方，必须知人善任。这是决定企业兴衰成败的关键。

用人的重要性自不待言，但实践中却并非所有的国企干部都懂得这个道理，有的人虽然道理懂，但在实践中却不能践行党的正确的用人路线。搞任人唯亲者有之，任人唯钱者有之，任人唯权者有之，"近亲繁殖"土壤较厚，搞"小圈子"风气甚浓。譬如，广东某市烟草专卖局原局长陈某，利用权力把20多个亲友调入本系统工作，让这些亲友把持了财务、营销、仓库和监察等核心岗位。为了招录亲友，他解聘了一些贫病职工。当地群众因此将该系统称作陈某的"亲友就业基地"。更令人诧异的是，这个陈某是该烟草专卖局第三任局长，首任局长是他的亲舅舅。

这种用人上的不正之风，严重影响了国企干部队伍的建设，也影响到了企业的健康、可持续性发展，真是危害极大，所以，必须增强国企干部的知人善任能力。

**（四）责任担当有待强化**

党的十八大以来，习近平总书记在一系列重要讲话中多次强调："责任担当是领导干部必备的基本素质。"他还指出："干部就要有担当,有多大担当才能干多大事业,尽多大责任才会有多大成就。"国企干部自然也不例外。

衡量一个国企干部是否有责任担当,主要看以下三个方面的情况:

第一,面对难题,是否退缩。一个敢于担责的国企干部,面对难题,是从来不会退缩的,他会知难而进,在困难面前,挺直胸膛,想方设法去解决所遇到的任何难题。

第二,面对风险,是否回避。一个敢于担责的国企干部,从来不会回避任何风险,而会选择勇敢地面对,去承担风险,即使这种风险大如天。

第三,面对工作,是否推卸。一个敢于担责的国企干部是从来不会推卸工作责任的,他在其位,谋其政,履其职,尽其责。

尽管我们绝大多数国企干部在工作中是勇于担当责任的,但也不排除有的国企干部在其位,不谋其政,任其职,而不尽其责,遇事相互推诿,做一天和尚撞一天钟。这是要坚决予以纠正的。

### (五)道德品行有待端正

道德品行是领导素质的重要方面。孔子说:"德不厚者不可以使民";"其身正,不令而行;其身不正,虽令不从。"东汉科学家张衡说:"君子不患位之不尊,而患德之不崇。"中国古代先贤讲"修身、齐家、治国、平天下",已把道德品行修养列为官员的第一要素。

重视道德品行也是我党的优良传统,尤其是重视政治品德。习近平总书记曾经强调指出:"我们今天讲的'德',第一位的是政治品德。政治上有问题的人,能力越强、职位越高,危害就越大。我们选用的干部必须是政治上过得硬、靠得住的干部。"

国企干部的道德品行涉及的内容是多方面的,既有社会公德、职业道德、家庭美德,还有从政道德、个人品德。但从从政道德的角度来看,衡量国企干部是否具有良好的道德品行,可以通过以下三点来考量:

第一,是否清正廉洁。宋朝人包拯在《乞不用赃吏》上疏中云:"廉者,民之表也;贪者,民之贼也。"包拯的意思是说,廉洁者,是民众的表率;贪腐者,是百姓的敌人。

作为党的国企干部,是先锋队中的一员,必须清正廉洁。清正廉洁,是一种政治信用。"民不服我能,而服我公;民不畏我严,而畏我廉。"

第二,是否实事求是。实事求是,是党的优良传统和作风。习近平总书记强调,回顾我们党90多年的历史可以清楚地看到,什么时候坚持实事求是,党就能够形成符合客观实际、体现发展规律、顺应人民意愿的正确路线方针政策,党和人民事业就能够不断取得胜利;反之,离开了实事求是,党和人民事业就会受到损失甚至严重挫折。他还要求全党,注意深刻理解实事求是的科学含义和精神实质,正确掌握实事求是这个马克思主义的精髓和灵魂,始终按实事求是的要求办事。

第三,是否诚实守信。鲁迅先生说过:"伟大的人格的素质,重要的是个'诚'字。"诚，是正直的基础，是高尚人格的核心，是"威武不屈，富贵不淫"的前提，是崇高信念的支柱。诚实守信要求国企干部坦坦荡荡做人，老老实实做事；对人民负责，为人民群众办实事，办好事，而不弄虚作假。

作为党的国企干部，不管他的能力有多强，知识有多丰厚，资历有多深，只要他的道德品行出现问题，他也就彻底毁掉了。

拿以上三个方面的标准来衡量当今中国的国企干部队伍，总体上是合格的，但也存在着许多亟待解决的问题。

比如腐败问题。党的十八大以来，国企官员落马的人数不少。2013年共有31名国企高管落马。"党的十九大以来，截至2019年3月30日，已经有109名国企领导干部被通报执纪审查。"[①] 而且有的问题还是相当得严重。就拿那个中国华融资产管理股份有限公司原党委书记、董事长赖小民来说，据中央纪委国家监委网站发布的消息称，赖小民"违反廉洁纪律，收受礼品、礼金，利用职权或职务影响为亲友经营活动谋利，与多名女性搞权色交易。违反工作纪律，违规决定公司重大事项，越级插手具体项目。利用职务上的便利或职权、地位形成的便利条件，为他人谋取利益并收受巨额财物涉嫌受贿犯罪；利用职务上的便利，非法占有公共财物涉嫌贪污犯罪。"[②]

这些问题的存在严重影响国企干部队伍的建设，严重影响企业的

---

① 陈磊：《国企反腐"集结号"！十九大以来109名国企干部被通报执纪审查》，《法制日报》，2019年4月1日。
② 《中国华融资产管理股份有限公司原党委书记、董事长赖小民严重违纪违法被开除党籍和公职》，中央纪委国家监委网站，2018年10月15日。

发展壮大，对国有经济的发展带来极大的损害。

## 三、新时代国企干部肩负的重要责任

2016年10月，习近平总书记出席全国国有企业党的建设工作会议并发表重要讲话。他在讲话中强调，国有企业必须具备六种力量：成为党和国家最可信赖的依靠力量；成为坚决贯彻执行党中央决策部署的重要力量；成为贯彻新发展理念、全面深化改革的重要力量；成为实施"走出去"战略、"一带一路"建设等重大战略的重要力量；成为壮大综合国力、促进经济社会发展、保障和改善民生的重要力量；成为我们党赢得具有许多新的历史特点的伟大斗争胜利的重要力量。

这"六种力量"对国企各级干部在新时代的工作提出了明确的要求，这些要求就是新时代各级国企干部肩负的重要责任。国企要具备"六种力量"，作为国企干部必须在以下几方面有作为：

### （一）紧紧扭住企业发展这个"第一要务"

党的十八大以来，习近平总书记在许多场合的讲话中都强调，以经济建设为中心是兴国之要，发展是党执政兴国的第一要务，是解决我国一切问题的基础和关键。

国有企业作为党执政兴国的重要物质基础，要具备"六种力量"，必须紧紧扭住企业发展这个"第一要务"。

第一，发展才是硬道理。"发展是解决我国一切问题的基础和关键"，"实现'两个一百年'奋斗目标、实现中华民族伟大复兴的中国梦，不断提高人民生活水平，必须坚定不移把发展作为党执政兴国的第一要务。"习近平总书记在十九大报告中所做出的这一科学判断，强调提出的这一明确要求，是对邓小平同志当年所提出的"发展才是硬道理"的深刻解读和继承弘扬，是对实现"两个一百年"奋斗目标、实现中华民族伟大复兴中国梦所给出的路径要求。

"发展才是硬道理"，是邓小平同志1992年南方谈话时提出来的。这句话既是一个非常深刻的命题，又是一个非常普遍的真理。这一命题是邓小平同志在总结了我党社会主义革命、建设的经验教训以后，得出的一个具有深远意义的结论。

国有企业是国民经济的重要支柱力量和主导力量。国有企业的整体实力和水平直接决定着国家的经济实力和经济发展水平。因此，国有企业的发展也是硬道理。国有企业的发展不单纯是企业自身的事情，而是事关党、国家和人民的大业，事关小康社会能否全面建成、中华民族伟大复兴中国梦能否实现的重要问题。

第二，发展必须是科学发展。改革开放40年中国经济社会发展的实践证明，发展才是硬道理，是一条颠扑不破的真理。

这条颠扑不破的真理在新时代如何运用？习近平总书记做出了深入的思考："发展必须是遵循经济规律的科学发展，必须是遵循自然规律的可持续发展，必须是遵循社会规律的包容性发展。"一言以蔽之："发展必须是科学的发展。"

第三，坚持正确的发展理念。科学发展必须坚持正确的发展理念。习近平总书记指出："发展理念是发展行动的先导，是管全局、管根本、管方向、管长远的东西,是发展思路、发展方向、发展着力点的集中体现。"

新时代正确的发展理念就是"创新、协调、绿色、开放、共享"的发展理念。

创新是引领发展的第一动力,是建设中国特色社会主义现代化经济体系的战略支撑,也是引领企业发展的第一引擎。

改革开放以来,尤其是十八大之后,我国国内生产总值快速增长,2017年总量已达到八十万亿元,稳居世界第二;高铁、公路、桥梁、港口、机场等基础设施建设也快速推进。尽管如此,我们也必须清醒地认识到,我们的发展质量和效益还不高。要突破这质量和效益的瓶颈,必须创新,通过创新来引领突破,通过创新来破解发展难题,通过创新来实现质量和效益的飞跃。

协调发展理念是理顺发展中各种重要关系的根本遵循。新时代的中国,经济社会关系非常复杂。我国经济社会要想行稳致远,避免落入"中等收入陷阱",就必须理顺各方面、各环节、各因素的关系,补齐短板、缩小差距。而协调就是理顺发展中各种重大关系的根本遵循。

协调发展理念的提出,彰显了我党对经济社会发展规律认识的深化,为正确处理发展中的重大关系提供了根本遵循。

有了这一根本遵循,我们必将能处理好发展中的各种关系,并把握好"五位一体"的总体布局,贯彻落实好"四个全面"的战略布局,做到协调发展,我国经济社会发展的道路必定会越走越宽广,越走越坚实。

绿色发展理念是处理经济社会发展和自然环境保护关系的价值标准。党的十八大以来，习近平总书记在多个场合提到过绿色发展理念，并用通俗易懂的语言阐明了绿色发展的意义和作用。他强调"生态兴则文明兴，生态衰则文明衰"；"保护生态环境就是保护生产力，改善生态环境就是发展生产力"；"我们既要绿水青山，也要金山银山。宁要绿水青山，不要金山银山，而且绿水青山就是金山银山"。

绿色发展理念的提出，标志着我国经济社会的发展从传统发展价值向现代发展价值的转换。

开放发展理念是引领我国全方位高层次对外开放的行动指南。习近平总书记指出："各国经济，相通则共进，相闭则各退。"这句话道破了世界经济的发展规律。开放带来共同进步，封闭导致彼此退步。这已经被世界历史发展的实践所证明。

党的十八大以来，以习近平同志为核心的党中央，深刻把握世界经济的发展规律，直面我国对外开放中的突出矛盾和问题，主动顺应国内外的发展大势，提出了开放发展这一重要的发展理念，为推进我国全方位高水平对外开放指明了方向。

共享发展理念是社会公平正义的保证。共享发展理念，注重的是解决社会的公平正义问题。社会主义的本质要求，就是要让人民群众共享经济社会发展的成果。

2013年3月17日，习近平总书记在第十二届全国人民代表大会第一次会议上的讲话中强调："生活在我们伟大祖国和伟大时代的中国人民，共同享有人生出彩的机会，共同享有梦想成真的机会，共同享有同祖国和时代一起成长与进步的机会。"

改革开放以来，虽然我国经济总量增速很快，"蛋糕"做得很大，人民群众整体收入水平都有了普遍的提高，生活有了非常明显的改善，但民生领域还有不少短板，城乡区域发展和收入分配差距依然较大，群众在就业、教育、医疗、居住、养老等方面面临不少难题，简言之，分配不公平问题比较突出，发展成果共享不够。人民群众热切期盼着共享改革发展的成果。

共享发展理念的提出，顺应了人民群众的期盼，它必将成为推动社会公平正义的保证。

### （二）紧紧抓住落实执行这个"第一手段"

一分部署，九分落实。党的十九大绘就了新时代发展的宏伟蓝图，作出了新时代的战略部署，现在的关键是要把这宏伟蓝图实现好，把这战略部署落实执行到位。只有这样，中华民族伟大复兴的中国梦才能变为现实。

古人云："天下大事，虑之贵详，行之贵力。"虑，就是决策；行，就是落实。决策落地的"最后一公里"尤为关键。

习近平总书记强调："这能力那能力，不落实就等于没能力；千忙万忙，不抓落实就是瞎忙，就是做无用功。"

国有企业的各级干部，必须紧紧抓住落实执行这个"第一手段"，才能履行实现中华民族伟大复兴中国梦的重托，才能担好经营管理国有资产、保值增值的重要责任。

第一，落实执行是国企干部的基本职责。职责，是职务上应尽的责任。虽然国企干部有各种各样的职责，但其基本的职责主要有两项：一是做出决策；二是抓好决策的落实。正如国务院参事、曾担任过中国人民大学附属中学校长的刘彭芝所言："校长抓工作，着眼点和着力点均应放在两头。一头是事前出思路、做计划、定目标，另一头就是事后检查抓落实。"

既然职责是国企干部职务上应尽的责任，那么，国企干部如果不抓落实，或者抓不好落实，就是没有履行好职责，也就不是一个合格的国企干部。

第二，落实执行是国企干部讲政治的一项具体要求。国企干部要讲政治。讲政治不是抽象的，而是具体的。衡量一个国企干部是不是讲政治，重要的标准就是看他能不能不折不扣地落实党的路线方针政策，是不是时时刻刻把人民群众放在心头，是不是诚心诚意地为人民群众谋利益。

而落实执行，就是要不折不扣地落实党的路线方针政策，为人民群众谋利益。所以说，落实执行，是国企干部讲政治的具体要求。

第三，落实执行是国企干部遵守党的纪律的重要表现。2018年8月18日新修订并决定于2018年10月1日起施行的《中国共产党纪律处分条例》明确规定：

> 党员领导干部在本人主政的地方或者分管的部门自行其是，

搞山头主义，拒不执行党中央确定的大政方针，甚至背着党中央另搞一套的，给予撤销党内职务、留党察看或者开除党籍处分。

落实党中央决策部署不坚决，打折扣、搞变通，在政治上造成不良影响或者严重后果的，给予警告或者严重警告处分；情节严重的，给予撤销党内职务、留党察看或者开除党籍处分。（第50条）

有下列行为之一，造成严重不良影响，对直接责任者和领导责任者，情节较轻的，给予警告或者严重警告处分；情节较重的，给予撤销党内职务或者留党察看处分；情节严重的，给予开除党籍处分：

（一）贯彻党中央决策部署只表态不落实的；

（二）热衷于搞舆论造势、浮在表面的；

（三）单纯以会议贯彻会议、以文件落实文件，在实际工作中不见诸行动的；

（四）工作中有其他形式主义、官僚主义行为的。（第122条）

这些负面清单对国企干部落实执行给出了规范的要求，有助于国企干部紧紧抓住落实执行这个"第一手段"。否则，就是违反党的纪律的要求。

## （三）紧紧把住党的领导这个"核心灵魂"

习近平总书记在全国国有企业党的建设工作会议上强调指出：

"坚持党的领导、加强党的建设,是我国国有企业的光荣传统,是国有企业的'根'和'魂',是我国国有企业的独特优势。"

新时代国有企业要具备"六种力量",必须加强和完善党对国有企业的领导、加强和改进国有企业党的建设,紧紧把住党的领导这个"核心灵魂"。

第一,坚持党的领导,能使国有企业更具战斗力和凝聚力。国有企业的发展史就是一部坚持党的领导、加强党的建设的历史。

从新中国成立初期重工业基础体系的建立,到新时代中国在核工业、航空航天、深海探测、高速铁路、移动通信等领域的突破发展,都是在党正确领导下取得的结果。

在党的正确领导下,国有企业的战斗力和凝聚力极大地增强,在关键领域、关键时刻都能听党指挥,在党的统一部署下行动。

第二,坚持党的领导,能使国有企业经营发展更加符合国家战略方向。作为国有企业,其发展方向不是随心所欲的,而应该坚持社会主义的发展方向,要与国家战略发展目标高度契合。而要做到这两点,必须坚持党的领导,贯彻党中央的战略部署,这样才能实现更符合国家和社会发展的企业战略安排。

第三,坚持党的领导,能使国有企业管理人员更能保持清正廉洁。所有权和经营权的分离是现代大型企业的普遍特征,如何对经营权进行有效监督、消除内部腐败、避免形成内部人控制、保证经理人勤勉敬业,是现代企业治理的重要课题,也是一道难题。而加强党的领导,能有效地破解这道难题。

第四，坚持党的领导，能使国有企业更好地调动员工的积极性。党的领导能有力地推动企业内部民主管理，推动企业思想政治工作和精神文明建设。而通过提高员工对企业经营的参与度，能使员工富有归属感和责任感，能激发基层员工的活力，调动干部员工的潜能。同时，良好企业文化的建立也是党领导政治思想工作和精神文明工作的强项。

第二章

# 对党忠诚，
# 要求国企干部为党分忧为党尽职

"对党忠诚"，是习近平总书记在全国国有企业党的建设工作会议上对国有企业干部提出的首要政治标准要求。在十九大报告中，他也指出："全党同志特别是高级干部要加强党性锻炼，不断提高政治觉悟和政治能力，把对党忠诚、为党分忧、为党尽职、为民造福作为根本政治担当，永葆共产党人政治本色。"

## 一、对党忠诚是国企干部根本的政治担当

"天下至德，莫大于忠。"忠诚，是人类道德价值的普遍取向，代表着赤胆忠心、诚实守信和矢志服从。

古今中外，人们对忠诚向来是推崇备至，认为它是做人的根基，是生命不可缺少的元素。我国清代名相魏裔介说："忠诚敦厚，人之根基也"。苏联著名作家费定说："忠诚好比呼吸。它要是发生摇动，你就会立刻窒息。"中外名人的话虽然表达形式不同，但意思却是相

同的，忠诚是一个人的安身立命之本。

正因为如此，我党一直高度重视党的干部的忠诚问题，并把对党忠诚作为国企好干部的首要政治标准。为什么把对党忠诚作为国企好干部的首要政治标准？

**（一）对党忠诚是党对党员干部始终如一的要求**

我党自建党以来，就把对党忠诚作为加入中国共产党的必要条件。

1921年7月23日至31日召开的中国共产党一大通过的《中国共产党纲领》（俄文译稿）中规定："凡承认本党党纲和政策，并愿成为忠实的党员者，经党员一人介绍，不分性别，不分国籍，都可以接收为党员，成为我们的同志。但是在加入我们的队伍以前，必须与那些与我们的纲领背道而驰的党派和集团断绝一切联系。"

这就明确规定，要加入中国共产党，必须是"忠实的党员者"。"在加入我们的队伍以前，必须与那些与我们的纲领背道而驰的党派和集团断绝一切联系"一语，则是要求党员必须对本组织忠诚。

1922年7月16日至23日在上海召开的中共二大通过的《中国共产党章程》，是中国共产党的第一个正式党章，共六章二十九条。

其第一章第一条规定："本党党员无国籍性别之分，凡承认本党宣言及章程并愿忠实为本党服务者，均得为本党党员。"

"愿忠实为本党服务者"是成为中国共产党党员的重要标准。

其第一章第二十二条规定："凡党员若不经中央执行委员会之特

许,不得加入一切政治的党派。其前已隶属一切政治的党派者,加入本党时,若不经特许,应正式宣告脱离。"这也是强调,党员必须对本组织保持绝对忠诚。

1956年9月26日党的八大通过的《中国共产党章程》,在第一章第二条党员的义务中,首次明确了"对党忠诚老实,不隐瞒和歪曲事实真相"是党员十项义务中之一项义务。

党的九大、十大因为"文化大革命"的特殊原因,在《党章》中,虽然对党员提出了遵守纪律的要求,但没有"对党忠诚老实"的具体表述。

而自1977年8月18日党的十一大通过的《中国共产党章程》开始,到2017年10月党的十九大通过的《中国共产党章程》则一直都把"对党忠诚老实"规定为党员的八项义务之一。

**(二)新时代强调国企干部对党忠诚的重要性**

党的十八大以来,习近平总书记在系列重要讲话中反复强调各级各类干部要对党忠诚。为什么在新时代党中央和习近平总书记要反复强调对党忠诚,并把它作为国企干部的首要政治标准呢?

第一,应对国内外复杂环境变化的客观要求。当今世界正处于大发展、大变革、大调整时期,世界大变局加速深刻演变,全球动荡源和风险点增多,各种不稳定因素增强,国内外形势正在发生深刻而复杂的变化。

中国经过40年的改革开放,经济总量跃居世界第二位,综合国力全面增强，天宫、蛟龙、天眼、悟空、墨子、大飞机等重大科技成果相继问世，南海岛礁建设积极推进。开放型经济新体制逐步健全，对外贸易、对外投资、外汇储备稳居世界前列，国际影响力日趋扩大。这些都直接冲击着旧的国际秩序，引发了一些国家对中国崛起的围堵和遏制，大国之间的经济、政治、军事、文化等方面的角逐较量正在日趋激烈。

除此而外，一些西方资本主义国家实行"西化"和"分化"的图谋始终未变，在未来相当长的时间内，中国共产党将承受着西方资本主义政治制度颠覆、渗透的压力，将面临国际敌对势力的"和平演变"、"颜色革命"的冲击。

与此同时，中国已经处于改革开放的攻坚期和深水区，艰巨性、复杂性前所未有。全面深化改革势必会触及某些既得利益获得者，导致社会矛盾升级和激化等一系列问题。

这些问题直接考验着国企干部对党的忠诚度。国企干部如果没有对党的忠诚，就会在国内外复杂的态势下迷失方向，甚至走向歧途。

第二，破解国企党建所面临问题的迫切需要。国企党建工作是提升企业核心竞争力的重要源泉，也是贯彻落实党的领导的重要路径。近些年来，国企党建工作正在健康有序开展，并取得了重要的成效。但我们也不能不看到，国企党建工作还面临着许多问题需要破解。比如说，企业内部党建工作弱化的问题；一些国企干部理想信念不坚定、对党不忠诚、纪律松弛、贪污腐化、脱离群众、独断专行、弄虚作假、慵懒无为、形式主义、官僚主义等问题；一些国企党员党性意识不强、淡化了自己党员政治身份、不能发挥党员作用等问题。

这些问题的出现，原因固然很多，但最重要、最根本的一条，就是部分国企党员、党员干部对党忠诚意识的缺失。

党员、党员干部如果没有了对党忠诚，也就丢掉了信仰，背叛了宗旨，忘记了党性，这必然就会腐化堕落，贪污腐败。

因此，要破解国企党的队伍建设存在的这些问题，有必要进一步强化国企干部对党忠诚的意识，使国企干部能够在任何情况和条件下都能坚守党性原则，牢记权力的真正来源，保持"公仆"本色，自觉践行党的宗旨。

第三，适应党的国企干部队伍变化的现实要求。近年来，随着干部人事制度改革的推进，国企党的干部队伍构成发生了较大的变化，新老交替步伐加快，一大批年轻同志走上不同岗位、不同层次的工作舞台，干部队伍的年轻化、专业化程度进一步提高。

这些国企干部的共同优点在于学历层次比较高，知识面比较广，思想比较活跃，改革创新的意愿较强。但不少年轻干部缺少严格的党内生活锻炼和重大政治风浪的考验。因此，很有必要进一步强化国企干部的对党忠诚意识，使他们信仰执着，服从大局，立场坚定，自觉地忠于党，引导他们正确对待权力、地位和利益，能脚踏实地为党分忧，为党尽职尽责。

### （三）对党忠诚是国企干部优秀的政治品质

老一辈无产阶级革命家陈毅同志在他《六十三岁生日述怀》中有

这样一句话:"我是一党员,更应献至诚。"

对党"献至诚"是国企干部对党忠诚上所要达到的最高境界,也是国企干部的优秀政治品质。

这从党的历代领导人关于对党忠诚的重要论述中就可以很清晰地看得出来。

毛泽东同志说:"一个共产党员,应该是襟怀坦白,忠实,积极,以革命利益为第一生命,以个人利益服从革命利益;无论何时何地,坚持正确的原则,同一切不正确的思想和行为作不疲倦的斗争,用以巩固党的集体生活,巩固党和群众的联系;关心党和群众比关心个人为重,关心他人比关心自己为重。这样才算得一个共产党员。"①

毛泽东所倡导的对党忠诚之人,也就是克服了主观主义、具有马克思主义态度的人。这种人能够应用马克思主义的观点和方法,对周围环境作实事求是的系统的周密的调查和研究。在延安整风运动中,毛泽东用一副对联形象描绘了缺乏政治忠诚之人:"墙上芦苇,头重脚轻根底浅;山间竹笋,嘴尖皮厚腹中空。"他向全党提出忠告:"凡真理都不装样子吓人,它只是老老实实地说下去和做下去。"②

邓小平同志说:"一个自觉的革命者无论何时何地,在何种情况下,都要做到忠诚老实,对党要忠诚,要老老实实地说话,老老实实

---

① 毛泽东:《毛泽东选集》(第二卷),人民出版社 2008 年,第 349 页。
② 毛泽东:《毛泽东选集》(第三卷),人民出版社 1991 年,第 835 页。

地办事,老老实实地做人"①。

习近平总书记在给国家测绘地理信息局第一大地测量队6位老队员、老党员回信中强调:"忠于党、忠于人民、无私奉献,是共产党人的优秀品质。党的事业,人民的事业,是靠千千万万党员的忠诚奉献而不断铸就的。不忘初心,方得始终。全国广大共产党员要始终在党爱党、在党为党,心系人民、情系人民,忠诚一辈子,奉献一辈子。"

对党忠诚,才能担当历史使命。每种职业、每个人都有特定的、不可替代的历史使命。作为新时代的国企干部,其历史使命,就是要为中国人民谋幸福,为中华民族谋复兴。国企干部要担当起这种历史使命,必须对党忠诚。

对党忠诚,才能践行党的宗旨。中国共产党是中国最广大人民群众根本利益的忠实代表,它的根本宗旨是全心全意为人民服务。国企干部有了对党忠诚的政治品质,才能践行党的宗旨。

对党忠诚,才能永葆先进性和纯洁性。习近平总书记指出:"是否具有担当精神,是否能够忠诚履责、尽心尽责、勇于担责,是检验每一个领导干部身上是否真正体现了共产党人先进性和纯洁性的重要方面。"

先进性是一个相对的概念,是一事物相对于其他事物所表现出来的优良特质。政党作为特定阶级利益的集中代表者,作为为特定阶级

---

① 邓小平:《论忠诚与老实(一九四九年九月十七日)》,《党的文献》2016年第3期,第10—11页。

利益而进行斗争的政治组织，其先进性就是相对于这一特定阶级的普通成员和其他政治组织所表现出来的优良特质。

中国共产党作为工人阶级的政党，其先进性就是代表着中国先进生产力的发展要求，代表着中国先进文化的前进方向，代表着中国最广大人民的根本利益，即"三个代表"。

国企干部保持了对党忠诚的政治品质，才能做到"三个代表"。

作为国企干部，没有能力肯定不行，但是，仅有能力是不够的，有能力还必须对党忠诚。如果没有对党忠诚的政治品质，他的能力再大，也是不能把自己的能力真正地用到党、人民和企业发展的事业上的，甚至还会损害党、人民和企业的利益。

## 二、新时代国企干部对党忠诚的具体体现

习近平总书记指出："对党忠诚，不是抽象的而是具体的。"[①] 新时代国企干部对党忠诚主要具体在以下几个方面：

### （一）牢记第一职责是为党工作

"全党同志要强化党的意识，牢记自己的第一身份是共产党员，第一职责是为党工作，做到忠诚于组织，任何时候都与党同心同德。"这是习近平总书记对全党同志的提醒和告诫。

第一，强化党员意识。国企干部要牢记自己的第一职责是为党工

---

① 新华网：《中共中央政治局召开民主生活会，习近平主持会议并发表重要讲话》，2016年12月27日。

作，首先要强化党员意识。当一个人在镰刀和锤头组成的鲜红的党旗下宣誓之后，他就应该明确了自己在政治上的身份——中国共产党党员。同时，他要牢记作为中国共产党党员必须姓党。党员姓党，强化的是党员意识。

党员意识，是由党员的角色意识、身份意识和形象意识构成的，是党员个体对自身党员属性和党员责任的理性认知和自觉把握。

国企干部对自身的党员属性和党员责任有了理性的认知和自觉把握，才能按照党员的标准严格要求自己、培养自己，对党履职，对党尽责。

第二，明确权力所属。国企干部牢记自己的第一职责是为党工作，还要明确自己手中权力所属。谁授权向谁负责，这是政治学的一条基本原理。

《中华人民共和国宪法》第二条明确规定："中华人民共和国的一切权力属于人民。"当年，有个美国记者曾问毛泽东："你们办事，是谁给的权力？"毛泽东回答："人民给的。""人民要解放，就把权力委托给能够代表他们的、能够忠实地为他们办事的人，这就是我们共产党人。"

毛泽东同志的这段话有两层含义，一是说，我们共产党人的一切权力都是人民委托给我们的，我们党自己没有权力。二是说，人民之所以把权力委托给我们，是因为我们共产党人能够代表他们的利益和要求、能够忠实地为他们办事。

这些话表述的都是领导干部手中的权力是人民给的，"人民是权力的主体"。

为什么说人民是权力的主体，简单说来，一句话：党的执政地位，是通过革命斗争获得的，归根结底，是在人民群众的支持下得到的。毛泽东同志说，枪杆子里面出政权。但是，没有人民群众的支持，枪杆子里面也出不了政权。

陈毅同志就说过，淮海战役是老百姓用手推车推出来的。山东老区的群众讲，当年我们为了支援共产党闹革命，是"最后一粒粮，拿去交公粮；最后一床被，盖在担架上；最后一个儿女，送到咱队伍上"。老百姓为什么把最珍贵的东西"送到咱队伍上"，就是因为他们相信中国共产党能够代表他们，能为他们谋利益。所以，他们把手中的权力交给了共产党人。

权力的公共性、人民性，决定了国企干部手中的权力不是私有品。因此，国企干部只能用这种权力来为人民服务，而不能用手中的权力来搞特权。

为人民服务，就是为党工作。习近平总书记指出："党性和人民性从来都是一致的、统一的。"这句话清晰地说明了党性和人民性的关系。坚持党性就是坚持人民性，坚持人民性就是坚持党性。党性寓于人民性之中，没有脱离人民性的党性，也没有脱离党性的人民性。

坚持人民性，就是要把实现好、维护好、发展好最广大人民群众的根本利益作为出发点和落脚点，也就是全心全意为人民服务。

第三，认清自己的职业身份。国企是指资产属性为国家所有的企业。国有企业的本质属性，是"全民所有"，在社会主义市场经济体系下，国有资本是属于全体人民共同占有的资本。国企干部在国企的岗位职责中，是"管家"而非"东家"；国企干部管理国有资产的权力是党和人民赋予的，只能用这种权力来为党和人民工作，为促进国有资产保值增值服务，而不能把它作为谋取私利的工具，为自己发家致富服务。

### （二）牢固树立"四个意识"

"四个意识"，即政治意识、大局意识、核心意识和看齐意识。国企干部对党忠诚，必须牢固树立"四个意识"。

第一，牢固树立政治意识。所谓政治意识，就是能从政治的角度来看待问题、分析问题和处理问题。

国企干部牢固树立政治意识，就是要坚定政治信仰，坚持政治原则，站稳政治立场，保持政治清醒和政治定力，增强政治敏锐性和政治鉴别力，严守党的政治纪律和政治规矩。

具体而言，就是国企干部在研究制定政策时，牢牢把握政治方向；在谋划推进具体工作时，始终贯彻政治要求；在解决社会矛盾问题时，始终不忘注意政治影响。

第二，牢固树立大局意识。大局，按照词典上的解释，是整个局势，整个局面。因此，所谓大局意识，就是善于从全局高度、用长远眼光来观察形势，分析问题。

国企干部牢固树立大局意识，就要自觉地从大局角度看问题，自觉地把工作放到大局中去思考、定位、谋划；就要在制定各方面的政策和进行决策部署时，站在党和国家大局上想问题、看问题，特别是要把自己所分管的工作同党中央重大决策部署衔接起来、统一起来，自觉服从大局。

当前国企干部自觉服从大局，必须统筹推进"五位一体"总体布局，协调推进"四个全面"的战略布局。

1938年，毛泽东同志在《中国共产党在民族战争中的地位》一文中指出："共产党员必须懂得以局部需要服从全局需要这一个道理。如果某项意见在局部的情形看来是可行的，而在全局的情形看来是不可行的，就应以局部服从全局。反之也是一样，在局部的情形看来是不可行的，而在全局的情形看来是可行的，也应以局部服从全局。这就是照顾全局的观点。"

前人云："不谋全局者，不足以谋一域；不谋万世者，不足以谋一时。"这句话说的就是大局的重要性。

有这样一个故事：有个捕鸟的人在捕鸟的时候发现，捕一只鸟，其实只用一个网眼。于是，他便用一个网眼去捕鸟。结果，他一只鸟也没捕到。

故事主人公只看到"网眼"这个局部的作用，而忽视了"网"这个全局的功能，最终让他一无所获。

这个故事说明，观察和处理问题，不能只看局部，而不重视大局。看问题不能局限于一时一事，必须考虑它对未来会产生什么样的影响；看问题不能局限于一城一地，必须考虑它对大局会产生什么样的结果。不要因为个人的、地方的、部门的"小局"而破坏国家的"大局","小局"一定要服从"大局",要学会从大局的角度去认识问题、分析问题和解决问题。

之所以要强调"小局"一定要服从"大局",是期望国企干部能从国家和人民的根本利益着眼来观察和处理问题。

第三,牢固树立核心意识。核心的意思是中心,就事物之间的关系而言是主要部分。具体到我党提出的增强核心意识,就是要求党的各级组织和全体党员"坚决维护习近平总书记党中央的核心、全党的核心地位,坚决维护党中央权威和集中统一领导"。

1989年6月16日,邓小平同志在同中共中央几位负责同志谈话时指出:"任何一个领导集体都要有一个核心,没有核心的领导是靠不住的……要有意识地维护一个核心。"

邓小平同志的这段话明确地说明了增强核心意识的重要作用。

国企干部牢固树立核心意识,就要坚持中国共产党的领导。中国共产党是中国特色社会主义事业的领导核心。1957年,毛泽东同志在接见中国新民主主义青年团第三次全国代表大会代表时指出:"共产党是全中国人民的核心。没有这样一个核心,社会主义事业就不能胜利。"《中国共产党章程》也开宗明义:"中国共产党是中国工人阶级的先锋队,同时是中国人民和中华民族的先锋队,是中国特色社会主义事业的领导核心,代表中国先进生产力的发展要求,代表中国先进文化的前进方向,代表中国最广大人民的根本利益。"习近平总书记在十九大报告中强调:"在我国政治生活中,党是居于领导地位的。"

事在四方,要在中央。党的领导是人民当家作主和依法治国的根本保证。

国企干部牢固树立核心意识,就是要紧密地团结在以习近平同志为核心的党中央周围,做到在思想上认同核心、在政治上围绕核心、在组织上服从核心、在行动上维护核心。

第四,牢固树立看齐意识。看齐,是整队时,以指定人为标准排齐。我党所提出的看齐意识,根据2016年10月27日中国共产党第十八届中央委员会第六次全体会议通过的《关于新形势下党内政治生活的若干准则》的规定,就是要求党的各级组织和全体党员向党中央看齐,向党的理论和路线方针政策看齐,向党中央决策部署看齐。

国企干部要向党中央看齐是重大的政治原则问题,其根本就是要在思想上政治上行动上同以习近平同志为总书记的党中央始终保持高度一致。

国企干部向党的理论和路线方针政策看齐,就是要向马克思列宁主义、毛泽东思想、邓小平理论、"三个代表"重要思想、科学发展观、习近平新时代中国特色社会主义思想看齐,向党的基本路线、基本纲领、基本方针、基本政策看齐,向新时代党的组织路线看齐。

国企干部向党中央决策部署看齐,在新时代,就是要向"五位一体"总体布局看齐,向"四个全面"战略布局看齐,向"五大发展"理念看齐,向实现中国特色社会主义现代化和中华民族伟大复兴目标看齐。

总而言之,看齐意识要求国企干部做到"党中央提倡的坚决响应、党中央决定的坚决执行、党中央禁止的坚决不做"。

1945年,毛泽东同志在党的七大预备会议上说:"要知道,一个队伍经常是不大整齐的,所以就要常常喊看齐,向左看齐,向右看齐,向中间看齐,我们要向中央基准看齐,向大会基准看齐。看齐是原则,有偏差是实际生活,有了偏差,就喊看齐。"

2017年10月25日,习近平总书记在党的十九届一中全会上的讲话中强调:"看一名党员干部特别是高级干部的素质和能力,首先看政治上是否站得稳、靠得住。站得稳、靠得住,最重要的就是要牢固树立'四个意识',自觉在思想上政治上行动上同党中央保持高度一致,坚决维护党中央权威和集中统一领导,在各项工作中毫不动摇、百折不挠贯彻落实党中央决策部署,不打任何折扣,不要任何小聪明,不搞任何小动作。"

国企干部应该牢牢记住这段话。

## (三)坚决做到"四个服从"

国企干部要对党忠诚,必须坚决做到"四个服从",即"党员个人服从党的组织,少数服从多数,下级组织服从上级组织,全党各个组织和全体党员服从党的全国代表大会和中央委员会。"坚决反对一切派别组织和小集团活动,反对阳奉阴违的两面派行为和一切阴谋诡计。

"四个服从",最根本的就是全党服从中央。这就要求国企干部从党性原则、党和人民利益的高度出发,在思想上政治上行动上同党中央保持高度一致，坚决服从党中央的统一领导，决不能有令不行，有禁不止，甚至搞独立王国。

对党的决议、决定如有不同意见，可以声明保留，并且可以把自己的意见向党的上级组织直至中央提出，但在行动上要坚决执行。请看刘志丹同志当年的一件往事：

1935年10月，在王明"左"倾冒险主义统治党中央期间，西北根据地内发生了后果十分严重的"肃反"事件。刘志丹也成了肃反的对象。

10月6日，正在前线的刘志丹同志无意间从瓦窑堡后方领导机关来的一位通讯员的手中接到一封急信。他打开信一看，竟然是逮捕密令。密令逮捕陕甘边苏维埃政府主席习仲勋和原红二十六军、红二十七军大部分领导人的名单，他被列在第一名。

刘志丹对"左"倾冒险主义者这种迫害同志的卑鄙行径非常痛恨，但是为了不使党分裂，不使红军自相残杀，不给敌人以可乘之机，他决定把个人的安危置之度外。他把信交还通讯员后说："你把信送去，告诉他们，我自己去瓦窑堡了。"

他本想向中共中央驻西北代表团提出申诉，但他来到瓦窑堡之后，竟被"左"倾冒险主义者不容分辩地投入监狱。直到毛泽东、周恩来同志率领中央红军到达陕北根据地，刘志丹同志才重获光明。

当刘志丹伤痕累累地回到家时，他的妻子同桂荣哭着骂"左"倾分子太残酷无情。刘志丹劝她不要伤心，说这是党内矛盾，内部问题，不是敌我矛盾。

同桂荣说:"不是敌我矛盾还把好人朝死里整哩……你有刀有枪,为什么不和他们斗争?"

刘志丹严肃地对她说:"怎能这样说!这是党内问题。我们红军不能自相残杀。"

同桂荣问刘志丹:"那你为甚不跑开,偏要来瓦窑堡。"刘志丹说:"当时情况复杂,如果我带大队兵马离开,风声一走漏,军心会大乱。如果在军团部逮捕我,警卫人员会动武。所以我一人骑马离开部队到瓦窑堡与他们进行说理斗争,这就避免了党和军队的分裂,没给敌人以可乘之机。"

他还告诉同桂荣:"党内问题不必性急,要忠诚为党工作,让党在实际行动中鉴定每个党员。大家不要再记前仇,应该想大局,想团结,在党中央的领导下,把革命工作做好,再不要提这回事了。"①

刘志丹同志真的是做到了"四个服从"。他明明知道前往瓦窑堡凶多吉少,但为了避免党和军队的分裂,他对上级的决定还是在行动上坚决地服从。

### (四)坚决执行党的路线方针政策

坚决执行党的路线方针政策,是国企干部对党忠诚的核心要义。党的路线方针政策是推动党和国家各项事业发展的根本遵循。

在新时代,国企干部坚决执行党的路线方针政策,就是要做到

---

① 王元慎:《妻子心中的刘志丹》,《纵横》,2008年4月16日。

"十四个坚持"：坚持党对一切工作的领导；坚持以人民为中心；坚持全面深化改革；坚持新发展理念；坚持人民当家作主；坚持全面依法治国；坚持社会主义核心价值体系；坚持在发展中保障和改善民生；坚持人与自然和谐共生；坚持总体国家安全观；坚持党对人民军队的绝对领导；坚持"一国两制"和推进祖国统一；坚持推动构建人类命运共同体；坚持全面从严治党。这十四条，构成了新时代坚持和发展中国特色社会主义的基本方略。

在新时代，国企干部坚决执行党的路线方针政策，就是要统筹推进"五位一体"总体布局，协调推进"四个全面"战略布局，全力推进全面建成小康社会的进程，为实现中华民族伟大复兴的中国梦而不懈努力。

## 三、国企干部要锤炼对党忠诚的政治品质

2018年7月3日，习近平总书记在全国组织工作会议上的讲话中指出："政治标准是硬杠杠。这一条不过关，其他都不过关。如果政治不合格，能耐再大也不能用。"这段话很明确地说明了作为党的干部锤炼对党忠诚政治品质的重要性。国企干部要锤炼对党忠诚的政治品质，需要在以下几个方面有所作为：

### （一）筑牢对党忠诚的思想基础

思想是"总开关"，是国企干部一切行为的思想基础。国企干部要锤炼对党忠诚的政治品质，首先要在思想上筑牢忠诚之基。

第一，坚定理想信念。习近平总书记在十九大报告中指出："革命理想高于天。共产主义远大理想和中国特色社会主义共同理想，是中国共产党人的精神支柱和政治灵魂，也是保持党的团结统一的思想基础。要把坚定理想信念作为党的思想建设的首要任务，教育引导全党牢记党的宗旨，挺起共产党人的精神脊梁，解决好世界观、人生观、价值观这个'总开关'问题，自觉做共产主义远大理想和中国特色社会主义共同理想的坚定信仰者和忠实践行者。"

《党章》明确规定："党的最高理想和最终目标是实现共产主义。""中国共产党人追求的共产主义最高理想，只有在社会主义社会充分发展和高度发达的基础上才能实现。"

一个人加入中国共产党的首要条件，就是要"承认党的纲领和章程"。因此，从理论上讲，一个人加入了中国共产党就意味着他确立了共产主义远大理想和中国特色社会主义共同理想。

确立了共产主义远大理想和中国特色社会主义共同理想，就要矢志不渝地坚持，并为之不懈奋斗。只有不懈奋斗，远大的理想才能实现。

张闻天同志在《论青年的修养》一文中说过这样一段话，共产主义理想"需要几十年以至上百年的奋斗与工作。不但这样，在奋斗与工作的过程中还必然要碰到无数的困难与波折，有时甚至看来似乎是不能克服以至绝望的困难。所以不论在任何困难之下，坚持自己的理想，坚持为自己理想的实现而奋斗，是绝对必要的。没有这种坚持性，任何的理想也都不能实现"。

张闻天同志的这段话告诉我们，要想到达理想的彼岸，必须进行坚持不懈的努力，矢志不渝地为之奋斗。在奋斗中，理想也不会是一帆风顺就能实现的。有风雨，有雷霆，有艰难险阻，甚至还要付出生命的代价。中国共产党早期的优秀党员、革命烈士、被称为"黄埔三杰"之首的蒋先云，就是用生命来为远大理想而奋斗的。

蒋先云是湖南省新田县大坪塘乡人。1921年冬，他加入了中国共产党；1924年，他考入黄埔军校第一期，入学考试与毕业考试均名列第一，与贺衷寒、陈赓被并称为"黄埔三杰"。校长蒋介石"爱之如手足"，党代表廖仲恺赞其为"军校中最可造就的人才"，政治部主任周恩来称其为"军校中的高才生"。

蒋先云虽然深得蒋介石的钟爱，并被迅速提拔跃升，但他却理想信念坚定。1926年"中山舰事件"发生之后，蒋介石以"中将教育长"的职务诱导他脱离共产党，许诺让他担任嫡系第1军第1师师长之要职。蒋先云不为所动，拂袖而去。1926年底，他毅然离开蒋介石，来到革命中心武汉，投身于艰难困苦之中，奋战于枪林弹雨之下。1927年5月28日，在河南临颍作战时，他不幸英勇牺牲。

蒋先云虽然牺牲了，但他对共产主义理想的坚定信仰，却激励着一代一代的共产党人，激励着他们为共产主义理想而奋斗。

共产主义的理想是远大而崇高的，这种远大而崇高的理想要靠奋斗才能实现，坐而论道是实现不了的。

对此，早在1922年周恩来同志就有着非常清醒的认识。当年3月，他在马克思的故乡给国内觉悟社社员的信中宣告："我认的主义一定是不变了，并且很坚决地要为它宣传奔走。"信中还附着一首诗，其中写道：

"没有耕耘，哪来收获？没播革命的种子，却盼共产花开！梦想赤色的旗儿飞扬，却不用血来染他，天下哪有这类便宜事？坐着谈，何如起来行！"

"坐着谈，何如起来行！"这句话说得是非常之好。我们要推动党和人民的事业不断前进，实现共产主义远大而崇高的理想，坐而论道是不行的，必须"起来行"，用具体的、实实在在的行动来推动。共产主义理想的实现，是需要一代一代共产党人"起来行"的。

鲁迅先生有言："能做事的做事，能发声的发声。有一分热，发一分光，就令萤火一般，也可以在黑暗里发一点光，不必等候炬火。"

在新时代，国企干部理想信念的坚定性如何体现？这是需要回答的一个问题。

体现在思想理论清醒上。习近平总书记强调指出："理论上清醒，政治上才能坚定。坚定的理想信念，必须建立在对马克思主义的深刻理解之上，建立在对历史规律的深刻把握之上。"

因此，国企干部要认真学习马克思主义理论，深入学习、深刻领会习近平新时代中国特色社会主义思想，不断提高马克思主义思想觉悟和理论水平，掌握马克思主义的立场观点，始终保持对远大理想和奋斗目标的清醒认知和执着追求，为坚定共产主义理想和社会主义共同理想打下坚实的思想基础。

体现在做好本职工作上。在战争年代，共产党人理想信念的坚定性，可以体现在抛头颅洒热血上。如夏明翰。

1928年2月，由于叛徒出卖，夏明翰同志在武汉被捕。在狱中，他充分表现了共产党人的崇高气节。

一天，有个法官前来劝降。他要夏明翰同志放弃自己的信仰，并许诺给夏明翰同志高官做。夏明翰同志严词拒绝了他。

法官见用高官打动不了夏明翰，便又用亲情来劝说他，开导他凡事要三思而行，要顾及自己的老母妻儿。

夏明翰义正词严地对法官说："为共产主义奋斗终生，我已不是三思而行，而是百思而行。我可以牺牲我的生命，但决不能放弃我的信仰。"

敌人见劝降不行，就对夏明翰同志动用酷刑，但酷刑照样没有使他屈服。敌人无计可施，便丧心病狂地宣布将夏明翰同志"就地处决"。

夏明翰同志高唱着《国际歌》走上了刑场，并在刑场上写下了一首光耀千古的就义诗：

"砍头不要紧，只要主义真；杀了夏明翰，还有后来人。"

如今在和平年代、在新时代，国企干部理想信念的坚定性如何体现呢？一个重要的体现路径，就是体现在做好本职工作的过程中。用自己的行动给共产主义大厦添砖加瓦，这实质上也是共产主义理想信念坚定性的体现。

体现在与实际相统一上。刘少奇同志曾经说过："我们共产党员，要有最伟大的理想、最伟大的奋斗目标，同时，又要有实事求是的精神和最切实的实际工作。这是我们共产党员的特点。如果只有伟大而高尚的理想，而没有实事求是的精神和切实的实际工作，那就不是一个好共产党员，那只能是空想家、空谈家或学究。相反，如果只有实际工作，没有伟大而高尚的共产主义理想，那也不是好共产党员，而是庸庸碌碌的事务主义者。只有把伟大而高尚的共产主义理想和切实的实际工作、实事求是的精神统一起来，才能成为一个好的共产党员。"

### （二）把对党忠诚作为唯一选择

"忠诚"的反义词是"背叛"。"忠诚""背叛"这4个字的问题在当年的革命斗争中是非常突出的。现在虽然是和平年代，但无硝烟的战争依然存在，国企干部依然面临着"忠诚"与"背叛"的现实考验。

著名报告文学作家何建明先生曾经撰写过《忠诚与背叛》一书。这本书出版之后，著名的文艺评论家贺绍俊先生给这本书写过书评。书评中有这样一段话：

"'忠诚与背叛——每个革命者、每个共产党人都无法回避的选择，即使在和平时期，我们的内心和灵魂也时刻都在接受这样的考问与考验。'当今社会，人们最憎恶的事情就是权力的腐败，其中一个重要的原因就是一些共产党员缺乏对党的信仰和对事业的忠诚，一旦掌握了权力，就私欲膨胀，以权谋私。我们阅读革命历史，痛恨那些给革命事业带来极大危害的叛徒。其实，今天的贪官不就是和平时代的叛徒吗？他们叛变了入党的誓言，叛变了对人民的承诺。甚至他们比革命年代的叛徒更加不齿，因为他们既没有遭遇敌人的严刑拷打，也不必忍受坐老虎凳的痛苦，却在香风的熏染下拱手交出了自己的良心。"①

贺绍俊先生的这段话说得非常深刻。近些年来落马的国企高管，无不是在香风熏染下、在利益的诱惑下拱手交出了自己的良心，丧失了党性。

据《华商报》2020年3月20日报道，西安旅游集团公司原党委书记、董事长李人有仅一次"帮忙"就受贿财物4870万。

这个国企高管落马的典型案例说明他在对党忠诚上出现了严重的问题。

无数事实证明，一个对党忠诚的人，是不会贪污受贿的。他们为了党和人民的事业，连生命都置之不顾，怎么可能会不择手段地攫取钱财呢？

在新时代，最好的国企干部一定是在面对忠诚与背叛的抉择时，坚定不移地选择忠诚，把对党忠诚作为唯一的选择。

### （三）对党忠诚需要真实地践行

国企干部对党忠诚不是口号喊出来的，而是需要用行动来证明的。因此，国企干部必须知道自己该做什么，不该做什么。

第一，在思想上、政治上和行动上跟党中央保持高度一致。按照

---

① 贺绍俊：《历史照进现实　信仰不容缺失——读〈忠诚与背叛〉》，《光明日报》，2012年2月27日。

2018年修订，自2018年10月1日起施行的《中国共产党纪律处分条例》的要求，国企干部要"坚决维护习近平总书记党中央的核心、全党的核心地位，坚决维护党中央权威和集中统一领导"。

绝不公开发表违背四项基本原则，违背、歪曲党的改革开放决策，或者其他有严重政治问题的文章、演说、宣言、声明等；

绝不妄议党中央大政方针，破坏党的集中统一；

绝不丑化党和国家形象，或者诋毁、诬蔑党和国家领导人、英雄模范，或者歪曲党的历史、中华人民共和国历史、人民军队历史。

《中国共产党纪律处分条例》第四十四条规定："在重大原则问题上不同党中央保持一致且有实际言论、行为或者造成不良后果的，给予警告或者严重警告处分；情节较重的，给予撤销党内职务或者留党察看处分；情节严重的，给予开除党籍处分。"

第二，自觉维护中央权威。国企干部对党忠诚，必须坚持党的基本理论、基本路线、基本纲领、基本经验、基本要求，同党中央保持高度一致，自觉维护中央权威。

必须坚决维护党中央权威、保证全党令行禁止。这是党和国家前途命运所系，是全国各族人民根本利益所在。

对党中央作出的决议和制定的政策如有不同意见，在坚决执行的前提下，可以向党组织提出保留意见，也可以按组织程序把自己的意见向党的上级组织直至党中央提出。

1962年刘少奇同志《在扩大的中央工作会议上的报告》中指出："有一个地方的党组织，曾经写信给中央说，他们要服从上级，但是，常常遇到这样的问题，如果服从了当地上级的规定，就违反了中央的政策；如果服从了中央的政策，就要违反了上级的规定。这个党组织要求党中央回答，他们应该服从哪一个上级。这个党组织提的问题很重要。它所以提出这样的问题，就是因为某些地方，在执行中央政策和国家计划中存在着分散主义，就是因为在那里有一些同中央政策和国家计划相抵触的规定。怎么解决这个矛盾呢？唯一的道路，就是全党都要服从中央。"

刘少奇同志的这段讲话强调的就是："全党都要服从中央。"

## 第三章

# 勇于创新，
# 要求国企干部敢闯敢干敢为人先

2016年10月21日，习近平总书记在纪念红军长征胜利80周年大会上发表了重要讲话。他在讲话中强调："创新是引领发展的第一动力，我们必须解放思想、实事求是、与时俱进，坚定不移推进理论创新、实践创新、制度创新以及其他各方面创新，让党和国家事业始终充满创造活力、不断打开创新局面。"

国有企业的发展也离不开创新，只有创新，企业才能做大做强，赢得未来。

### 一、勇于创新是国企干部基本素质要求

中国特色社会主义进入了新时代。国企干部要做好新时代的国企工作，需要具有各种各样的素质，而勇于创新则是国企干部在新时代不可或缺的基本素质。

新时代，是承前启后、继往开来的时代，是继续夺取中国特色社

会主义伟大胜利的时代，是决胜全面建成小康社会、进而全面建设社会主义现代化强国的时代。

古人云："天下之治，有因有革，期于趋时适治罢了。"(《宋史·卷三三四·徐禧传》)这段话的意思是说，治理天下的方法，有继承有变革，但都是为了能合乎时代需要，到达治理的目标而已。

承前启后、继往开来，决胜全面建成小康社会、进而全面建设社会主义现代化强国，需要国企干部具有勇于创新的基本素质。

**（一）勇于创新才能冲破思想观念的障碍**

邓小平同志曾经说过："没有一点闯的精神，没有一点'冒'的精神，没有一股子气呀、劲呀，就走不出一条好路，走不出一条新路，就干不出新的事业。"

习近平总书记指出："生活从不眷顾因循守旧、满足现状者，而将更多机遇留给勇于和敢于、善于改革创新的人们。"

思想决定行为，陈旧的思想观念，僵化的思维方式必然导致因循守旧、墨守成规，这是新时代国企发展的大忌。

国企干部只有勇于创新，才能冲破陈旧的思想观念障碍，才能改变僵化的思维方式，从而为新时代国有企业遇到的新难题找到化解的有效路径，为新时代国有企业面临的新挑战找到应对的正确方法。

**（二）勇于创新才能顺应时代发展的大势**

《韩非子·五蠹》中有言："世异则事异"、"事异则备变"，这两句话的意思是说，时代不同了，社会上的事情也就不一样了；社会上的事情不同了，治理的政治措施就要跟着改变。该书还比喻说："如欲以宽缓之政治急世之民，犹无辔策而御悍马，此不知之患也。"这一比喻是说，如果想用儒家所提倡的宽松和缓的整治措施去治理在急剧变动时代的民众，就好像没有缰绳和马鞭去驾驭凶悍的马一样，这是不明智所造成的过错。

当今的世界，正处于百年未有之大变局。世界经济重心在变，世界政治格局在变，全球治理角色在变，科技与产业在变，而且新冠肺炎疫情对世界经济产生巨大冲击。这种种变局和巨大冲击，对国有企业来讲，既是机遇也是挑战。

不管是机遇还是挑战，都需要国企干部具有勇于创新的精神，才能顺应时代之大变局。

**（三）勇于创新才能在激烈的竞争中胜出**

习近平总书记强调指出："创新是一个民族进步的灵魂，是一个国家兴旺发达的不竭动力，也是中华民族最深沉的民族禀赋。在激烈的国际竞争中，惟创新者进，惟创新者强，惟创新者胜。"

市场经济是一种法治的经济，也是一种竞争的经济。国有企业能否成长壮大，能否在激烈的国际国内竞争中脱颖而出，关键看其是否有核心竞争力。创新，就是企业的核心竞争力。惟有创新，企业才能实现可持续的高质量的发展。

### （四）勇于创新才能成为最好的国企干部

美国密歇根大学的丹尼逊教授在调查研究的基础上，将人才分为七等。丹尼逊教授认为，一等人才具有高度的创造性和想象力，经常想出机智的方法来解决问题；二等人才善于用新的首创方法来解决问题，并提出许多好的意见；三等人才比一般人有较多的好意见；四等人才能发挥别人的见解；五等人才在搞一项新工作时，经常向同事求教；六等人才无明显的首创性，很少提出新见解；七等人才满足于让干什么就干什么。

这里，丹尼逊把是否具有创新能力，作为区别一流领导和末流领导的重要标准。丹尼逊的划分标准是有道理的。因为领导活动在相当大的程度上就是一种创造性的活动。领导者只有具有创新的能力，才能适应领导工作的需要，也才能开创领导工作的新局面。

"要么创新，要么灭亡。"这是在一段时间里颇为流行的话。这句话之所以流行，就在于人们深刻地意识到创新的重要性。作为国企干部如果不能勇于创新，不仅自身丧失了青春活力，还影响到企业的创造力、战斗力，最终只能导致颓败。

2020年7月21日下午，习近平总书记在北京主持召开企业家座谈会并发表重要讲话。他在讲话中强调："希望大家勇于创新。创新是引领发展的第一动力。'富有之谓大业，日新之谓盛德。'企业家创新活动是推动企业创新发展的关键。美国的爱迪生、福特，德国的西门子，日本的松下幸之助等著名企业家都既是管理大师，又是创新大师。改革开放以来，我国经济发展取得举世瞩目的成就，同广大企业家大力弘扬创新精神是分不开的。创新就要敢于承担风险。敢为天下先是战胜风险挑战、实现高质量发展特别需要弘扬的品质。大疫当前，百业艰难，但危中有机，唯创新者胜。企业家要做创新发展的探索者、组织者、引领者，勇于推动生产组织创新、技术创新、市场创新，重视技术研发和人力资本投入，有效调动员工创造力，努力把企业打造成为强大的创新主体，在困境中实现凤凰涅槃、浴火重生。"[1]

"危中有机，唯创新者胜。"国企干部只有勇于创新，才能在激烈的国际国内竞争环境中脱颖而出，永立潮头，勇往直前，行稳致远；国企干部只有勇于创新，才能在危机中发现契机，以大无畏的精神迎接危机的挑战，化解危机，并变危机为契机，立于不败之地，也才能成为新时代最好的国企干部。

## 二、勇于创新是企业发展的灵魂和动力

创新，就是抛开旧的，创造新的。社会是发展的，时代是变化的，竞争是激烈的，国有企业要跟上时代的步伐，在竞争中立于不败之地，就必须勇于创新。

国企干部只有创新，才能克服教条主义和本本主义，才能用发展的眼光观察问题，认识世界，才能从形而上学、经验主义的桎梏中解放出来，才能勇于面对发展、变化的新世界，才能创造性地开展工作。

---

[1] 习近平：《在企业家座谈会上的讲话》（2020年7月21日），新华社北京2020年7月21日电。

### （一）创新是企业发展的不竭动力

创新是企业发展的灵魂，是企业发展的不竭动力，这是毋庸置疑的。一些非国有企业的发展壮大历史就为此提供了佐证。

改革开放以来，中国的非国有企业队伍不断发展壮大，有的原本不过是一个小小的销售代理，而经过不足 30 年的发展，就成为世界的行业老大；有的甚至是一个小小的销售网站，经过 20 余年的发展，就成为全球顶级公司。他们的发展壮大经验能够给我们的国有企业一些有益的启示。

先看华为技术有限公司的发展壮大历史。1987 年，华为在深圳注册创立。当时的华为是一家生产用户交换机（PBX）的香港公司的销售代理，但时至今日，华为已经荣登中国民营企业 500 强榜首，2019 年，世界 500 强企业中华为名列第 61 位。

华为技术有限公司为什么能从一个小小的销售代理发展成为强大的企业？一个重要的原因，就是创新。创新是华为发展的引擎。

2016 年 5 月 30 日，全国科技创新大会在人民大会堂召开，任正非代表华为在会上进行了汇报发言。他在发言中说："从科技的角度来看，未来二三十年人类社会将演变成一个智能社会，其深度和广度我们还想象不到。越是前途不确定，越需要创造，这也给千百万家企业公司提供了千载难逢的机会。我们公司如何去努力前进，面对困难重重，机会危险也重重，不进则退。如果不能扛起重大的社会责任，坚持创新，迟早会被颠覆。"他还披露："华为有八万多研发人员，每年研发经费中，约20%—30%用于研究和创新，70%用于产品开发。"

再看阿里巴巴网络技术有限公司的发展历史。1999年9月9日，阿里巴巴网络技术有限公司在浙江杭州创立，当时公司只有18人，为首者是英语教师马云。

但就这18人的企业，经过20年的发展，截至2019年6月共有员工103699人，在2019年《财富》世界500强排行榜中位列182位。截至2019年12月，阿里巴巴中国零售市场移动月活用户破8亿。

阿里巴巴为什么能从一个批发贸易市场网站发展成为拥有淘宝网、天猫、聚划算、全球速卖通、阿里巴巴国际交易市场、1688、阿里妈妈、阿里云、蚂蚁金服、菜鸟网络等业务和关联公司的大型企业？阿里巴巴公司的使命和价值观给出了答案。

阿里巴巴公司的使命是："让天下没有难做的生意"；

阿里巴巴公司的价值观，其中有一项就是"迎接变化，勇于创新"。

《华尔街日报》的专栏作家安德鲁·布朗(Andrew Browne)曾经这样点评阿里巴巴："阿里巴巴将西方已有的商业模式本地化后建立了庞大的电商帝国，推翻了人们对于'中国不能创新'的迷思。"[1]

马云有一句名言："创新才是真正最强大和不可阻挡的动力。"这应该是阿里巴巴发展壮大的经验总结。

2020年7月9日，2020世界人工智能大会在上海开幕。远在云

---

[1] 金错刀：《马云的七个颠覆性微创新》，新浪网，2014年9月9日。

南的马云通过云端连线,分享了他对创新、对数字技术的感悟。他说:"灾难在逼迫我们创新。"马云举例称,比如技术人员开发出新冠CT隐形智能算法,机器看病例片子只需要20秒,疫情期间农民用卫星遥感技术贷款,卫星通过遥感图像识别稻田作物生长情况,结合气候行业等情况,机器预估产量和价值,再决定贷款多少钱给农民,马云说道:"疫情期间用互联网技术让自己活下去,让别人活下去的创新无处不在。"[①]

华为技术有限公司和阿里巴巴网络技术有限公司虽然是非国有企业,但它们以创新为发展引擎,以创新引领未来发展的战略思路还是值得国有企业借鉴的。

## (二)破除影响创新的思维障碍

毕加索说过:"创造之前必先破除。"破除什么?破除传统的观念,破除陈旧的规则,破除头脑中的思维定式。可以这样说,一切创新活动都是"破除+建立"。

第一,摆脱路径依赖。所谓"路径依赖",是指人们一旦选择并进入了某一路径,就会像火车开动一样,惯性的力量就会驱使他们对这一路径产生依赖。

从某种意义上讲,人们的一切选择都会受到路径依赖的影响。人们过去做出的选择,决定了他们现在的选择;人们现在做出的选择,

---

① 马云:《创新才是真正最强大和不可阻挡的动力》,新浪网,2020年7月9日。

决定了他们未来的选择。

著名的"马屁股规则",就为上述的观点做了非常形象的注解:

在美国犹他州的航天飞机推进器生产厂里,员工们都知道,每个推进器的直径宽度不得大于4.85英尺(1.47828米)。

为什么推进器的直径宽度不得大于4.85英尺呢?这是马屁股的宽度所决定的。

马屁股的宽度怎么能决定高、精、尖的航天飞机推进器的直径宽度呢?

原来美国铁路两条铁轨之间的标准距离是4.85英尺,而在运送推进器时,火车可能要经过许多的隧道,但那些隧道的宽度仅比路轨宽一点点,超过4.85英尺,火车就可能无法运送推进器。

为什么美国铁轨的标准距离是4.85英尺呢?因为美国最早的铁路是由英国人设计的。

那么,英国设计师为什么选用4.85英尺作为两条铁轨之间的标准距离呢?因为这是英国电车轨道的标准距离;但电车车轨的标准距离又是依据什么确定的呢?答案是依据马车的轮距来确定的,因为最早设计轨道的设计师是造马车的。

那么英国马车的轮距为什么是4.85英尺?因为超过4.85英尺,马车将无法在英国的老路上行驶,老路上的辙迹宽度是罗马人定的,因为罗马人战车的宽度是4.85英尺。

但罗马人为什么将战车的宽度定为4.85英尺呢?答案让人哑然失笑,因为这是拉战车的两匹并排战马合起来的马屁股宽度。

从航天飞机推进器，到两匹马的马屁股，这本是风马牛不相及的事情。但路径依赖，却一步一步使马屁股的宽度决定了航天飞机推进器的直径的宽度。①

人们在社会中生活，都会在不知不觉中形成"路径依赖"。这种路径依赖一旦具有，"罗马人马屁股的宽度就将决定着航天飞机推进器的直径宽度"，最终则使自己画地为牢。

所以，勇于创新，必须首先摆脱路径依赖。否则，我们的前进轨道可能就只有 4.85 英尺宽。

第二，破除思维定式。所谓思维定式，就是存在于人头脑中的认知框架。在社会活动实践中，人们往往受固有的知识和过去经验的影响，不自觉地用以往相同的方式来认识事物和解决问题，从而使得人们创新的视野受到遮蔽。在创新活动的实践中，常见的思维定式主要有两种：

权威型思维定式。所谓权威型思维定式，就是在对事物的认知和对是非的判定上，缺乏自我独立思考的意识，而盲目地依附于权威。只要是权威人士所说的，就奉之为经典，以权威之是非为是非，以权威之认同为认同。

实践证明，权威型思维定式极大地制约着人们的创新能力。权威虽然可以使我们节省许多探索的时间和精力，但一个人如果过于迷信权威，就会墨守成规，并最终失去自我，使组织丧失活力。

---

① 逍遥梓博客：《马屁股规则》，新浪网，2006 年 10 月 14 日。

一般说来，具有创新精神的人都是敢于挑战权威的。伽利略就是如此。他不迷信亚里士多德关于"物体下落速度和重量成比例"的学说，于1590年在比萨斜塔上做了"两个铁球同时落地"的著名实验，从此推翻了亚里士多德的学说，纠正了这个持续了1900年之久的错误结论。

亚里士多德的故事应该能给国企干部以深刻的启示：要尊重权威，但不为权威所抑制。这样才能使自己的思维保持创新的活力，涵养创新思维，提升创新能力。

经验型思维定式。动物园里，一头名叫乔治的大象，被一根小铁链拴在一根小小的水泥柱子上。它摇头摆尾，神态安闲地享用着动物园管理人员给它提供的食物，而从来没有想挣脱铁链冲出动物园。

是乔治没有挣脱小铁链的力量吗？不是。以它的体力，别说是一条小小的铁链，就是那根水泥柱，它只要一用力，也会如鲁智深倒拔垂杨柳一般，不费吹灰之力连根拔起。

那它为什么不去挣脱小铁链呢？原来，在乔治小时候，动物园管理人员在它的腿上拴了一条细铁链，另一头系在水泥柱上。小象乔治对这根铁链很不习惯，它用力去挣，挣不脱，无奈的它只好在铁链范围内活动。

过了几天，小象乔治又试着想挣脱铁链，可是它还是没有成功，它只好闷闷不乐地老实了下来。

一次又一次，小象乔治总也挣不脱这根铁链。慢慢地，它不再去试了。

后来，小象乔治长成了大象，它的力量也足以挣脱铁链，但由于多次失败的经验已经深深地植入它的记忆之中了，它认为自己是没有能力挣脱那根铁链的。于是，它就围着水泥柱度过了它的一生。

小象乔治受经验型思维定式的影响，使自己失去了自由活动的空间。事实上，我们人类又何尝没有这种问题呢？

经验是人类的宝贵财富，但国企干部如果过分地迷信经验，过分地依赖经验，并形成固定的思维模式，就会制约他的创新能力，从而影响领导工作目标的实现。

第三，改变工作惯性。所谓工作惯性，就是长时期以某种固定的方式和模式去做某项工作。一个人如果禁锢在旧有的工作方法中，以某种固定的角度来观察、分析问题，就会陷入自身的窠臼，遇到难题，也难能找出解决的新路径。

法伯是法国著名的科学家。他曾经做过一个著名的"毛毛虫"试验。这种毛毛虫有一种"跟随者"的习性，总是盲目地跟随着前面的毛毛虫走。

试验中，法伯把一些毛毛虫放在一个花盆的边缘上，首尾相接，围成一圈，并在花盆周围不到6英寸的地方撒了一些毛毛虫最爱吃的松针。毛毛虫开始一个跟一个，绕着花盆一圈又一圈地走。一小时过去了，一天过去了，毛毛虫们还不停地坚韧地团团转。又过了六天六夜，它们终于因为饥饿和精疲力竭而死去。

实验结束后，法伯在笔记中写下了这样一句耐人寻味的话："在这么多毛毛虫中，其实只要有一只稍与众不同，便立刻会避免死亡的命运。"

工作惯性常常使人们陷入僵局,甚至置人们于死地。毛毛虫之死告诉我们的就是这个道理。

王安电脑公司曾经是一家闻名全球的企业,但后来却以倒闭结局。关于王安电脑公司的破产原因,许多分析家多有论及。虽然破产原因智者见智,仁者见仁,但有一点几乎是形成共识的,就是王安电脑公司战略决策失误。当个人电脑已经萌芽生发时,王安电脑公司还死抱着文字处理机不放,按以往的工作惯性运行产品,不思战略转型。比尔·盖茨曾经感慨:"如果王安能够完成他的第二次战略转型,世界上恐怕就没有今日的微软,我也不会成为个人电脑时代的'英雄',而只是在某个地方成了一位数学家或一位律师。"

中国特色社会主义进入了新时代,时代环境的变化,要求国企干部适时而变。过去习以为常的工作方式方法,有的可能已经不能适应新形势下的新要求,必须寻求改变,这样才能以全新的态势迎接新的挑战。

### (三)培养有益于创新的思维方式

培养有益于创新的思维方式,其逻辑起点是要建立起"一切都是可能的"这样一种哲学观念。现代创新理论的提出者约瑟夫·熊彼特认为,创新就是生产要素的重新组合。让我们来看一道有趣的测试题:$1+1=1;2+1=1;3+4=1;4+9=1;5+7=1;6+18=1$。

怎样才能得出这样的结果呢？一句话就可以道破天机：只要我们给这些数字加上适当的单位名称，其结果就可以成立了，而且还完全正确。

1（里）＋1（里）＝1（公里）

2（月）＋1（月）＝1（季度）

3（天）＋4（天）＝1（周）

4（点）＋9（点）＝1点（13点即下午1点）

5（月）＋7（月）＝1（年）

6（小时）＋18（小时）＝1（天）

这个有趣的数字游戏告诉我们：在生活中，有些东西看似不可思议，看似复杂难解，但只要我们换一个思考问题的角度，跳出习惯的思维框框，就会得出异乎寻常的答案。这就是创新思维。

这种创新思维让我们看到了怎样将不可能变为可能。请看"哈桑借据法则"：

一位商人向哈桑借了2000元金币，并打了借条。在还钱的期限快到了的时候，哈桑突然发现借据丢了。他万分焦急。他的朋友纳斯列金知道此事后，对他讲："你给这个商人写封信去，要他到时候把向你借的2500元还给你。"

哈桑虽然迷惑不解，但他还是照着朋友纳斯列金的话做了。

信寄出后，很快就收到了回信。商人在信中写道："我向你借的是2000元，不是2500元，到时候就还给你。"

这种将不可能变为可能的思维方式对国企干部涵养创新思维有着

重要的价值。

第一，逆向思维。逆向思维是指人们在思考问题时，跳出常规，逆事物的常规方向去寻找解决问题的办法。说得简单点，就是"倒过来想"。一切事物都有两面性，从相反的角度去思考，有时会有出人意料的效果。

日本丰田公司的创造人丰田喜一郎就说过："如果我取得了一点成功的话，那是因为我对什么问题都倒过来思考。"

逆向思维的最大特点，就在于改变常规的思维轨迹，用新的角度、新的方式研究和处理问题。

美国的阿拉斯加有一种珍稀的鹿，政府专门设立了一个自然保护区，对它们精心看护照管。

开始时，管理人员为了不使鹿群受到伤害，便将狼、豹等动物驱逐"出境"。鹿群生活在没有任何危险的"安乐窝"之中。

渐渐地，管理人员发现，这些鹿的活动量在逐渐减少，体质也变得越来越差，许多鹿因为抵抗力弱而死亡。

怎样才能使鹿群恢复原来的生机呢？管理人员决定，从外地"引进"几匹鹿的天敌——狼。

狼引进来之后，鹿为了生存，整天来回奔跑。结果，没过多长时间，这些鹿的体质和生命力都大为增强。

这就是逆向思考的方法。狼本来是鹿的天敌，但天敌的引进，却锻炼了鹿的身体。一个疑难问题，就这样简单地解决了。

为什么逆向思考能寻求到解决疑难问题的办法呢？应用它的本质

是什么呢？

人们在思考问题时，一般都是顺着想，也就是按照大家都认同的常情、常理、常规的正向思考路径去思考；或者遵循事物的某种客观顺序去想，比如从前到后，从上到下，从近到远，等等。既然是大家都认同的常理，所以遇到某一问题时，大家都会顺着这样的思路想。这样思考问题有时能找到解决问题的方法，并收到令人满意的效果。但是，在实践中，也有很多问题，对这些问题要是利用正向思考的路径去寻找解决的方法时，却难以找到正确的答案，或会失之偏颇。

如果我们不满足于只是重复别人的思路，不满足于停留在别人的水平上，而要有所突破，有所创造，有所发展，我们就应该跳出常规，打破常理，运用非常规的思路去思考，走别人没有走过的路。这样想出来的办法，就可能是有新意的办法，是能解决问题的方法。

第二，发散思维。发散思维是从一个目标出发，沿着各种不同的路径去思考，探求多种解决问题答案的思维方式。其思维活动的轨迹，就像草地里的旋转喷头一样，朝不同的方向做立体式的发散思考。

发散思维的鲜明特征，就是在思维过程中充分发挥人的想象力。因此，培养发散思维，就要养成一种发散性思维的习惯，不管遇到任何的问题，首先要想到还有没有别的可能性。

相传，古希腊的佛里几亚国王葛第士以非常奇妙的方法在战车的轭上打了一串结。他预言：谁能打开这个结，就可以征服整个亚洲。一直到公元前334年，还没有人能打开。

这时候，亚历山大率大军侵入小亚细亚，他来到葛第士绳索前，不假思索便拔剑砍断了绳结。后来，他一举占领了比他的国家大50倍的波斯帝国。

亚历山大为什么能够打开葛第士的结？除了他那果敢的性格外，更重要的是他完全抛弃了传统的思维方式。别人在"解"上做文章，他则挥刀断之。这一"解"一"砍"表明了亚历山大的思维异于常人。

第三，转向思维。转向思维是指人们在思考问题时，其思路在一个方向上受阻时，便马上转向另一个方向。这就是"打得赢就打，打不赢就走"，或者说是"换一个地方打井"。

"换一个地方打井"，是著名的思维学家、"创新思维之父"德·波诺提出的概念。这个概念的意思非常明确，就是在碰到难以解决的问题时，不要一条道走到黑，要学会转换思路。思路一变，问题就可能迎刃而解。

事实说明，思维转向，往往是低成本的投入，高效益的收获。

### 三、理念的创新和营造良好的创新环境

"问渠那得清如许，为有源头活水来"。创新是国有企业的活水，而创新活水的源头是理念的创新和营造创新的良好制度机制环境。因此，国企干部要勇于创新，还需要在理念创新和营造良好的创新制度机制环境上着力。

#### （一）理念的创新是创新活动的先导

明清之际的王夫之有言："理者，物之固然，事之所以然也。"在

王夫之看来,"理"是事物运动的一种固有法则,它支配着事物的运动、变化和发展。

任何事物都存在着必然的规律。分析问题要抓住事物的本质属性,解决问题要从事物的内在规律入手。由此而言,解决勇于创新的问题,需要从理念创新入手。

理念创新是指破除不合时宜的观点和方法,以新的视角审视新的问题,形成新的观念,来指导新的创新实践。

理念创新是创新活动的先导,是创新思路、创新方向、创新着力点的集中体现。一定的创新活动实践都是由一定的理念创新来引领的。

理念创新的本质在于超越,在于对原有观念的突破或破除。没有对原有观念的突破或破除,是不可能有创新活动的,没有创新,企业自然不会有发展。

譬如,中华老字号企业。据中国经济网披露:"目前,全国由商务部认定的中华老字号共1128家,多数老字号企业经营情况欠佳,不少老字号甚至处于'僵尸'状态,空有品牌无产品。在全球最具价值品牌100强榜单中,欧美日上榜品牌超过半数,而中国仅有贵州茅台一家上榜。"[1]

中华老字号企业为什么会有如此状态?一个重要的原因就是观念滞后,他们固守"酒香不怕巷子深""独此一家,别无分店"的传

---

[1] 吉蕾蕾:《中华老字号如何迸发新活力 观念陈旧、创新不足制约企业发展》,中国经济网,2016年12月9日。

统老字号发展理念。不思创新、不谋改变。"面对多样化、个性化的市场需求,一些老字号企业提供的产品,从品种、工艺到包装几十年都没有变化,无法适应现代消费者不断变化的需求,市场逐渐萎缩。"①

理念创新是"破"与"立"相结合的过程。"破"是对以往那些陈旧的甚至是错误的观念予以扬弃或否定;"立"是创立与时俱进的正确理念。这种与时俱进的正确理念能有效地指导企业的创新活动实践,并因此而给企业带来更大的发展。比如说同仁堂。"过去同仁堂的门店只在北京,'只此一家别无分号',现在门店有2000多家,其中在海外就有100多家。在传统丸散膏丹的基础上,对配方也进行了二次科研,将中药剂型增加到27个,满足了市场的新需求。"②

有了理念的创新,才能有行为的创新,而有了行为上的创新,企业才能有生命活力。

有了理念创新,还需要有思路的创新,没有思路的创新,理念创新也难以落地。

理念创新解决的是想不想创新的问题;思路创新解决的是怎么创新的问题。

### (二)营造创新的良好制度机制环境

企业创新包括方方面面的内容,有技术创新、经营创新、管理

---

①② 吉蕾蕾:《中华老字号如何迸发新活力 观念陈旧、创新不足制约企业发展》,中国经济网,2016年12月9日。

创新、战略创新，等等。但就国企干部而言，重要的是要营造一个有利于创新的良好制度机制环境，来激发企业员工创新的积极性，来挖掘企业员工创新的潜能。因为人可以创造环境，环境也可以创造人。

作为国企干部，尤其是企业高管，其职责并非是管理某项具体的工作流程，而是管理那些负责工作流程的员工。因此，国企干部勇于创新的重点，不是在某项具体工作流程上进行创新，而是要在营造创新的良好制度机制环境和打造创新文化上下功夫，让企业员工有良好的创新土壤。如创新知识产权的保护制度，创新人才的股权激励制度，创新技术、创新产品的奖励制度，等等。

譬如，珠海格力电器股份有限公司就始终坚持培养创新文化，打造创新平台，从而让每一位员工都有创新的意识，让每一位员工有了创新的想法，都有实践的舞台。正因为如此，据360百科介绍，格力"拥有技术专利6000多项，其中发明专利1300多项，自主研发的超低温数码多联机组、高效直流变频离心式冷水机组、多功能地暖户式中央空调、1赫兹变频空调、R290环保冷媒空调、超高效定速压缩机等一系列'国际领先'产品，填补了行业空白，成为从'中国制造'走向'中国创造'的典范。"

格力电器旗下的"格力"品牌空调，成为中国空调业的唯一"世界名牌"产品，业务遍及全球100多个国家和地区。

应该说，每家国有企业都不缺少创新的种子，也不缺少聪明智慧的大脑，缺少的主要是有益于创新的良好制度机制环境。

## （三）勇于创新要敢闯敢试攻坚克难

国企干部勇于创新，需要有敢闯敢试、敢为人先的勇气，敢做第一个吃螃蟹的人。只有走别人没有走过的路，才能看到别样的风景。

国企干部勇于创新，需要有攻坚克难、咬定青山不放松的魄力，只有滚石上山不松劲。

管理学中有个韦特莱法则：所谓成功的人，与他人的唯一区别就在于，别人不愿意去做的事情，他去做了，而且全身心地投入。

"别人不愿意去做的事情，他去做了"，就是敢闯敢试、敢为人先。阿里巴巴网络技术有限公司之所以成功，敢闯敢试、敢为人先不能说不是一个重要的原因。

马云在谈及"支付宝"的时候说过："我们推出'支付宝'的时候，被易趣的人认为很愚蠢，因为他们三四年前尝试过，失败了，就认为这条路是不会成功的。对我来讲，不在乎谁尝试过，只在乎这个东西管不管用，管用的话，再失败也要重新来。"①

马云不仅敢闯敢试，还能锲而不舍地攻坚克难。身材瘦小的马云，年轻时却好打抱不平。曾经有人问他："你这么瘦怎么打得过人家？"马云说："打架关键不在个头，而在于出其不意。要快。"这段故事也说明了马云的性格，有自信，有创新的自信。

---

① 金错刀：《马云的七个颠覆性微创新》，新浪网，2014年9月9日。

## 第四章

# 治企有方，
# 要求国企干部把好方向科学管理

治企有方，是国企好干部的第三条标准。这是从工作能力上对国企干部提出的要求。方，是方向、方针和方法。因此，治企有方，就是治理企业要把握社会主义方向，要坚持依靠工人阶级办企业的方针，要善于把握市场经济规律和企业发展规律，具有科学的管理方法。而这些要求具体体现在"把方向、带队伍、保落实"上。

### 一、把方向，做正确的事情

红军过草地的时候，伙夫同志一起床，不问今天有没有米煮饭，却先问向南走还是向北走。这说明方向的重要。

国企干部要治企有方，必须把好方向。把好方向，就是要把握社会主义方向，始终坚持中国特色社会主义的正确方向，只有这样，才能做正确的事。

我国有一个"南辕北辙"的成语，说是有一个人要到南方楚国去，却驾着车往北走,有人告诉他方向错了,他说没关系,我有一匹好马;别人说有好马也不行啊,他说我还有一辆好车;别人说有好车也不行啊,他说我还有一个技术高明的驭手。

不言而喻,方向错了,背道而驰,有好马、好车、高明的驭手也是无济于事的。

由此可知,做任何事情之前,都不要"匆忙",也不要"茫然",更不要"盲目",应该从确定正确的目标和方向开始。这是一个基础的方法,也是一个重要而关键的方法。

目标清楚、明确了,方向正确了,就会引导你正确地迈出每一步。目标不清楚、不明确,甚至方向错了,南辕北辙了,就徒劳无功。

在我国东北,曾经发生过这样一件事情:天降大雪,停车场上的汽车都被大雪覆盖了。

有位男士拿着扫雪工具,来给自己的爱车扫雪。他认认真真地扫完雪,准备开车上班。可是,当他一按车钥匙,想打开车门时,旁边的那辆车车门开了。

其实,在工作中,我们也有许多人就如同这位车主,常常只埋头"扫雪"而没有意识到要扫的并非是"这辆车"。当然,他想助人为乐,则另当别论。

要知道,从老鼠身上是挤不出奶来的。所以,起跑之前,先别忙着跑,要看好方向,弄清目标再起跑。

做正确的事,是要做出正确的决策。所谓决策,是决策主体为了解决某一问题，根据主客观条件，对未来的行动方案进行设计、选择，并做出决定的过程。

决策是国企干部的主要职责，也是治企有方的重要方法，并决定着企业的未来发展。国企干部要正确决策，首要的一点，是必须在坚持中国特色社会主义正确方向的前提下，多谋善断。

多谋，是要通过调查研究、思考分析，善出主意，出好主意；善断，是要善于从多谋中选择正确而满意的方案。

现代领导决策是一个谋与断分工合作的过程，先谋后断。因此，这里所讲的做出正确决策，实质上是"善断"的过程。换句话说，企业里某个问题要决策，经过干部员工集思广益，提出了若干决策方案，企业主要领导干部最后进行拍板决断。

怎样才能善断？毛泽东同志讲："多召集几个会议商量，然后才能有断，所断便是善断。"

一般说来，"善断"有两个衡量要素：一是断得正确；二是断得及时。两者缺一不可。正如邓小平同志所说的："机会要抓住，决策要及时。"

面对着不同的决策方案，国企主要领导干部怎样才能断得正确？要断得正确，断得及时，应该注意以下几点：

### （一）审时度势，着眼全局，考虑长远

前人云："不谋全局者，不足以谋一域；不谋万世者，不足以谋一时。"这前一句话说的是全局性，后一句话说的是长远性。目无

全局的将军，即使是暂时争得了一城一地，最终也难免陷入失败的境地。

土地革命战争时期，"左"倾冒险主义者就是因为不懂得着眼全局、考虑长远的大道理，主张"不丧失一寸土地"，反对一切必要的退却，结果造成了全局的失败。而毛泽东同志懂得"审时度势，着眼全局、考虑长远"这个大道理，因此，他领导全国人民建立了新中国。"西安事变"释放蒋介石，就是审时度势，着眼全局的一个典型案例。

审时度势，着眼全局，考虑长远，要求决策者仔细、认真地观察、研究现状，正确地估计事物的发展变化趋势，站在全局的高度，以前瞻的角度来观察、思考和处理问题。

这里强调全局利益、长远利益的重要，并不是对局部利益、近期利益的否定。这里有个如何认识和处理全局和局部关系的问题。

全局，指事物的整体及其发展的全过程；局部，指构成事物整体的各个部分、各个方面及其发展的各个阶段。

全局是由一个个不同层次的局部所组成，全局制约局部，而局部又影响全局。在局部与全局发生冲突时，要果断地舍弃局部，抓住重点，保证全局。这就是邓小平同志所讲的，小道理要服从大道理。

小道理为什么要服从大道理？因为大道理是纲，小道理是目，纲举目才能张。汉朝人桓谭在《新论》中说："举网以纲，千目皆张；振裘持领，万毛自整。"这句话的意思是说，打鱼时，抓住网上的大绳，网眼就张开了；整理皮裘时，抓住领口一抖，毛就理顺了。

"大道理"就是渔网上的"大绳"，皮裘的"衣领"。纲举目才能张开，持领毛才能齐整。决策中，只有用"大道理"管住"小道理"，才能从根本上把握决策的宏观方向，即中国特色社会主义方向。

当然，在局部利益可能导致全局利益失败时，决策者又要高度重视局部利益。因此，决策既要能体现党的方针政策要求，又要坚持实事求是，同本企业的实际情况相结合；既要考虑局部利益，又要考虑全局利益；既要考虑近期目标，又要考虑长远规划。

**（二）三个要素，正确把握，全盘考量**

决策的目的，总是希望尽量减少投入与损失，获取最大产出和效益。但是，任何决策都不可能十全十美，往往是利与害并存。因此，它需要决策者权衡利弊得失，作出最终抉择。

事实上，"作决策最重要的不是具体的准则和方法，而是在复杂的情况下权衡各种影响因素，并以最为智慧的方式作出抉择的能力。"[1]

国企领导干部决策时如何权衡各种影响因素？不同的决策有着不同的具体选择标准。但一般说来，可以通过以下三个因素来全盘考量：

第一，是价值。考量该决策方案的目标能否体现公共价值，是不是以公共利益作为决策方案的最重要诉求；能否体现"三个符合"，即符合中央精神，符合本企业的实际，符合最广大人民群众的愿望和要求。

---

[1] 李开复：《选择的智慧》，《领导文萃》，2007第9期。

第二，是能力。考量决策方案的实施与执行中的约束条件，即达到决策目标的人、财、物条件是否具备。决策目标再好，如果实施与执行中的约束条件存在问题，也难能达到目标。

第三，是支持。考量决策方案所涉及的利益相关者的态度与意见。也就是利益相关者的支持度如何。所谓利益相关者，涉及三部分的人：受益者、受损者和中间人。

为什么要考量这三点？因为对"价值"的质疑能够使决策目标更趋合理；对"能力"的重视能使决策者认清实现决策目标的主客观条件；对"支持"的关注能够让决策者以更加公平、公正的方式来整合不同群体的利益诉求。

### （三）围绕目标，选择方案，作出抉择

在决策中，决策者有时候会遇到这样的问题，两个或更多的方案在"价值""能力""支持"上都没有问题，那如何取舍？答案是：选择决断方案，首先要从决策目标出发，也就是要看决策的方案与决策目标的贴近度如何。

天津"引滦入津工程"，就是根据这一标准作出的抉择。

1981年5月，中央决定密云水库要确保北京用水，今后不再为天津供水。天津市用水，要靠滦河下游的潘家口水库来解决。

潘家口水库位于河北省的迁西县境内，距离天津市区有几百华里。通过什么路线，把水引到天津？当时有两个方案。

一是南线方案：引水河道由潘家口水库出发，一直向南，经迁安

县、滦县，直奔唐山，再由唐山，把水引到天津。

南线工程，于1975年上马，施工已有5个年头。如果再投入一些力量，工程可以较早完成，有利于解决天津缺水之急。并能同时兼顾天津、唐山以及河北省沿水道地区的用水问题。

二是北线方案：引水河道由潘家口水库出发，向西穿过燕山山脉的几座山到遵化县，经黎河，输入于桥水库，然后利用旧有的蓟运水道，再加新开挖的引水渠道，把水引到天津市区。

北线工程比较困难。要勘测、设计，并要打通施工难度极大的引水隧洞。再加上各种配套工程，施工的周期将会很长。

是选"南线方案"，还是选"北线方案"？天津市的决策者面临着选择。

赞成选"南线"的人认为，天津与唐山合用一个水道，可以节省投资。

主张选"北线"的认为，"引滦入津工程"的根本目的是确保天津用水。南线方案虽然可以少建一条引水渠道，节省投资，但因为天津处于南线水道的最下游，供水问题得不到确实保障。因此，根据决策目标的要求，"引滦入津"只能选北线方案。

最后，天津市的决策者选择了北线方案。后来的事实证明，天津市选择"北线方案"是正确的。

**（四）权衡利弊，避免陷阱，果断拍板**

权衡利弊的根本原则是"两利相衡取其重，两害相衡取其轻"；

也就是:"害大取小,利中取大"。利害如何确定?主要看决策目的或决策目标的价值取向。

决策者在拍板决断时,不仅要权衡利弊得失,还要避免决策陷阱。决策有许多陷阱,但从拍板决断的角度看,主要是避免"尽善尽美"的决策陷阱。因为绝对完美的决策追求,容易使决策者在犹豫徘徊中失去发展的优势和机遇。尤其是在危机决策时,更是如此。例如:

在2003年12月23日中石油川东北气矿井喷事故中,川东钻探公司总工程师、应急指挥中心主任吴华,就是因为不能"权衡损益风险,决策当机立断"而被判处有期徒刑4年。

所以,决策者在决策时,不要去追求尽善尽美的决策。而应该权衡利弊得失,去寻求正确而满意的决策。所谓正确而满意的决策,就是决策者在价值、能力与支持这三个方面寻求某种平衡的一种结果。

## 二、带队伍,做到知人善任

带队伍,就是要增强企业员工的凝聚力,知人善任,培养企业领军人物。如何带队伍?国企干部要带好队伍,需要在以下几个方面着力:

### (一)凝聚企业员工的思想共识

思想是行动的先导。增强企业员工的凝聚力,首先要凝聚企业员工的思想共识,将企业员工的思想凝聚到企业的共同价值观念上来,统一到与企业荣辱共存的思想意识上来。

企业员工只有在思想意识上高度统一，而不存在分歧，才能确保企业决策自上而下的贯彻落实，从而避免"内耗"现象，大大提高工作效率。

凝聚企业员工的思想共识能有效地增强企业员工接受和落实企业目标的自觉性。人的行为是由需要和动机决定的，而行为总是指向某种目标。一般情况下，当企业员工的个人目标与企业目标相一致时，企业员工就能充分地发挥其积极性、主动性和创造性，工作效率也会大大地提高。凝聚企业员工思想共识是将企业员工的个人目标和企业目标统一起来的有效途径与方法。

国企干部通过凝聚企业员工的思想共识，能使企业员工认识到自身的价值，能使企业员工意识到企业目标与个人利益的密切关系，从而增强企业员工接受并落实企业目标的自觉性。

凝聚企业员工思想共识能有效地调动企业员工实现企业目标的积极性和创造性。调动企业员工的积极性和创造性，为实现企业目标而努力，是凝聚企业员工思想共识的出发点和落脚点。凝聚企业员工思想共识能使企业员工的潜能得到最大限度的调动和发挥，能充分激发企业员工实现企业目标的热情，从而有效地调动起企业员工实现企业目标的积极性、主动性和创造性。

凝聚企业员工思想共识，需要对企业员工进行教育培养。帮助他们筑牢信仰之基，严守纪律规矩、健全基本知识体系、强化能力之基。

第一，重点突出习近平新时代中国特色社会主义思想的教育。习近平新时代中国特色社会主义思想，是对马克思列宁主义、毛泽东思想、邓小平理论、"三个代表"重要思想、科学发展观的继承和发展，是马克思主义中国化最新成果，是党和人民实践经验和集体智慧的结晶，是中国特色社会主义理论体系的重要组成部分，是全党全国人民为实现中华民族伟大复兴而奋斗的行动指南。

第二，重点突出业务素质相关内容的教育，帮助国企员工提升业务工作的能力。在企业员工的教育培养中，国企干部要把提高国企员工的业务素质，作为员工教育培养的必修课。针对国企员工岗位工作的不同特点，对国企员工进行履行岗位职责所必备的专业知识和业务技能的培训。专业的人才能干好专业的事。

第三，重点突出党史、新中国史、改革开放史、社会主义发展史相关内容的教育，帮助国企员工深入了解中国共产党为中国人民谋幸福、为中华民族谋复兴的具体实践。

第四，重点突出社会主义核心价值观相关内容的教育。"富强、民主、文明、和谐、自由、平等、公正、法治、爱国、敬业、诚信、友善"这24个字是社会主义核心价值观。

"富强、民主、文明、和谐"是从国家层面提出的国家主导价值观，在核心价值观中居于统领地位；"自由、平等、公正、法治"是针对社会层面提出的社会主流价值观，是核心价值观的重要支柱；"爱国、敬业、诚信、友善"是立足个人层面提出的公民个人的道德价值准则，是核心价值观的重要基础。

用社会主义核心价值观教育企业员工，能引领员工"明大德、守公德、严私德"。

### (二)激发企业员工的工作热忱

热忱是一种具有矢量性的精神力量,是人们奋斗的源动力。实践证明,卓有成效地完成工作任务的人,都是对工作怀有满腔热忱的人。因此,增强企业员工的凝聚力,除了要凝聚企业员工的思想共识,还必须能将企业员工的工作热忱调动激发起来。

如何调动激发企业员工的工作热忱?激励,是一种重要的途径与方法。"水激石则鸣,人激志则宏。"这是中国辛亥革命时期女革命家秋瑾说的一句话。那么,怎样用激励来调动企业员工的工作热忱呢?常用的方法如下:

第一,目标激励。目标激励,是指用确定的、具有社会意义的、符合人们切身利益的、科学可行的目标,也就是通过奋斗能够获得的成就或结果,来激发企业员工的行为动机,使他们产生旺盛的奋斗精神和工作动力。

心理学家的实验研究表明,目的性行为的效率明显高于非目的性的行为。因为当人们明确了可能达到的目标,就会为达到目标而努力。比如,一个万米赛跑运动员,当人们告诉他还剩一千米,再加把劲,就可夺得金牌时,即使他身体某部位疼痛,他也会咬牙加快速度完成最后的冲刺。

运用目标来激励企业员工,关键要注意设置好目标。一般说来,目标的设置,要注意以下几点:

其一，目标的设置要高低适宜。心理学家曾把目标激励比作摘桃子，桃子吊在空中，怎样才能调动人的最大积极性呢？坐在地上举手可得，不行。因为目标太低，缺乏"挑战性"；跳起来摘不到，也不行。因为目标太高，会挫伤人的积极性。只有奋力跳跃方能摘到的高度，才是最合适的。这一点，可用八个字来概括："伸手不及，跃而可获。"它能最大限度地调动人的积极性。

其二，目标的设置要总分结合。设置总目标，可使企业员工感到工作有方向，有奔头。但因为总目标的实现常常是一个长期的、复杂的甚至是曲折的过程，所以，在运用目标激励这一激励方法时，仅设置总目标是不够的。它容易让人感到遥远和渺茫，可望而不可即，从而影响人的积极性的充分创造发挥。因此，目标的设置要总分结合。也就是说，在设置总目标的同时，设置若干适当的阶段性目标。通过逐个实现这些阶段性目标来达到总目标的实现。这一点，可用六个字来概括："大目标，小步子。"它能持续地调动企业员工的积极性。

其三，目标的设置要实在具体。目标有大有小，有远有近，但不论何种目标，都不能是虚幻的，而必须实在具体。只有实在的目标，才能使企业员工相信；只有具体的目标，才能对企业员工产生吸引力。

第二，许诺激励。许诺激励，就是企业干部通过许诺某件事，如职务的晋升、职称的评定、工资待遇的提高以及荣誉、记功等，来调动企业员工的工作积极性。

企业员工工作的积极性，从根本上来说，来源于他的物资、精神需要。当企业员工产生了某种需要，他就会形成行为的内在驱动力，这种内在驱动力又使他产生一系列的行为去实现既定的目标。而这个目标能否实现，与企业干部有着密切的关系。因为企业干部的许诺往往是目标实现的一种保障，所以，企业员工总是希望得到企业干部的许诺，哪怕是只言片语。那么，企业干部在工作中如何掌握好许诺激励这一激励方法呢？

其一，许诺要适度。适度，是许诺激励的关键。许诺过高，就会"失信于民"。假如一位企业干部对手下员工说："小伙子，好好干，干好了能当总理。"这是不能调动积极性的，因为目标无限大，而实现的可能性几乎等于零，所以调动不了积极性。许诺过低，则形不成激励因素，许诺形同虚设。比如，一位企业干部对下属员工说："大家好好干，干完之后免费供应空气。"这也不能调动积极性，因为目标价值等于零。所以，企业干部在许诺时，一定要掌握好许诺的度，就是要给企业员工确定一个比较切近可行的目标。

其二，许诺要适宜。这里所说的适宜，是说许诺要符合不同企业员工的需要。对于一位没有权力欲望的企业员工，你用授予权力的许诺是很难激励他的；而对于一个没有物质欲望的企业员工，你用物质去激励他，效果也是可想而知。

当年，江西某地有个工厂，由于产品质量有问题，连续亏损了17年。后来改进了产品质量，工厂转亏为盈。但随着订货数量的加大，工人常常需要加班加点。星期天加班不算，就连过春节，厂长还宣布不休息，发奖金作为补偿鼓励。

这一措施引起许多职工的不满，尤其是单身汉，更是恼火。他们找到厂长说："我们好不容易找了个对象，你星期天不休息，也就算了，春节还加班，要是对象吹了，怎么办？"

厂长说："我体谅你们的困难，但订货多，任务紧，你们说怎么办？"

工人说："如果我们超额完成任务，你能不能给我们假日奖励。"

厂长采纳了这条意见，宣布只要完成任务，超额 30% 的给三天假期，超额 200% 的给两个星期假期。这个措施一宣布，中午吃饭，食堂人少了，带上两个馒头在车间吃；5 点钟下班，你往外轰他也不走，他要超额。

为什么没有了加班费，工人的积极性反而高了呢？原因很简短，因为假日最适合他们的需要。

其三，许诺要兑现。企业干部对员工做出了承诺，一定要兑现，否则，不仅起不到激励企业员工的作用，还会使企业干部失去威信，丧失公信力。宋太祖时，曾经发生过这样一件事：

有一次，宋太祖答应让张思光做司徒，张思光很高兴，天天等待正式的任命，可是日复一日，年复一年，却迟迟不见任命的通知。张思光失去了耐性，便想了一计，故意骑一匹很瘦的马到宋太祖的面前。

宋太祖看张思光骑的马那么瘦，很吃惊地问："你的马太瘦了，一天吃多少饲料呢？"

张思光回答说："一天一石。"

听了张思光的回答，宋太祖更不理解了："不可能吧！既然给那么多的饲料，马怎么还会这么瘦呢？"

张思光说："我答应一天给它一石，而实际上，我并没有给它那么多。"

宋太祖听出了话中有话，不久就下旨任命了张思光。

要说宋太祖的记性还不错，张思光一暗示，他便明白了。如果不是这样，张思光肯定会灰心丧气，工作起来也不会卖力气。由此可见，不能轻易许诺，许诺就要兑现。

第三，行为激励。所谓行为激励，就是企业干部用自身的行为给企业员工做出榜样。

古人云："其身正，不令而行；其身不正，虽令不从。"这话的意思是说，做领导的，要是本身行为端正，即使不发布命令，下面的人也会去干；如果自身的行为不正派，即使出了教令，人家也不会听你的。

事实的确如此，作为企业干部，如果他作风正派，廉洁奉公，言行一致，秉公办事，严于律己，那么，他一定会博得下属员工的尊敬和信服，他下达的计划、指示，便是无声的命令，下属员工会以高昂的热情去努力工作。否则，就会失去号召力，群众的工作热情也就可想而知。

难怪人们说："喊破嗓子，不如干出样子。"若是自己每日颓丧，又怎么能激励起下属员工的工作热情？所以，企业干部要想调动企业员工的工作热忱，首先自己就要对工作有满腔的热情。

除以上这几种激励方法之外，还有表彰激励、股权激励等。

### （三）选人用人公道正派任人唯贤

前述我们讲了激励国企员工的方法，其实，对员工最大的激励是正确的用人导向，用好一个人能激励一大片。用一贤人，则贤人毕至；用一小人，则小人齐趋。这就要求国企干部选人用人要公道正派，任人唯贤。

第一，以德为先。习近平总书记强调指出："我们今天讲的'德'，第一位的是政治品德。"

选才用人，才华固然重要，但品德更为关键。道德品质是人才的成事之基，立业之本。因此，中国传统文化强调"修身，齐家，治国，平天下"。

宋代史学家司马光在编纂《资治通鉴》时，曾经根据晋国的大夫智伯因为才干胜过德行，挟才为恶，导致晋国灭亡这一典型的事例，提出了处理德才关系的原则。

司马光认为，就德才关系而言，无非有四种："才德全尽谓之'圣人'，才德兼亡谓之'愚人'，德胜才谓之'君子'，才胜德谓之'小人'。"

选拔使用人才，当然应该选拔使用那些德才兼备的"圣人"；如果没有德才兼备的"圣人"，退而求其次，是要选拔使用德胜才的"君子"；如果"圣人""君子"都得不到，那么，宁可要"愚人"，也不要"小人"。即"凡取人之术，苟不得圣人、君子而与之，与其得小人，不若得愚人"。

这是因为,"君子挟才以为善,小人挟才以为恶。挟才以为善者,善无不至矣;挟才以为恶者,恶亦无不至矣。愚者虽欲为不善,智不能周,力不能胜,譬如乳狗搏人,人得而制之。小人智足以遂其奸,勇足以决其暴,是虎而翼者也,其为害岂不多哉!"①

在司马光看来,君子凭借他的才能去做善事,做好事;小人则凭借着他的才力去做恶事,做坏事。凭借才能做善事,做好事的,善事、好事会做得很周至;而凭借才力做恶事,做坏事的,恶事、坏事则会做得登峰造极。"愚人"即使想做坏事也不可怕,因为他们的才力不济,这就像小狗攻击人,人很容易就能制服它。而小人如果有才力,便如虎添翼,足以使他们干坏事的阴谋得逞,危害极大。司马光的观点很有道理。

陈云同志就讲:"现在有同志常说,要开拓型干部。开拓型也要,但首先要强调德,有党性。德才兼备,才干固然重要,但德还是第一。"

为什么要坚持"德才兼备,以德为先"的用人标准?陈毅同志曾经举例来说明。

1960年,陈毅同志曾经讲过这么一段话,一个空军飞行员,如果开不好飞机,那总不好吧;然而飞机开得再好开到敌人那边去了,反过来打自己的国家,那就更糟了。

---

① 司马光主编:《资治通鉴》卷一,中华书局1956年,第14—15页。

2018年7月3日，习近平总书记在全国组织工作会议上的讲话中指出："政治上有问题的人，能力越强、职位越高，危害就越大。我们选用的干部必须是政治上过得硬、靠得住的干部。看一个干部政治素质高不高，主要看是否树立'四个意识'、坚定'四个自信'，是否坚决维护党中央权威和集中统一领导，是否全面贯彻执行党的理论和路线方针政策，是否积极贯彻落实党中央重大决策部署，是否忠诚干净担当。"

总而言之，作为企业员工没有才能不行，但没有品德就更糟糕，才高而缺德就更会是灾难性的后果。

第二，任人唯贤。"任人唯亲"和"任人唯贤"是两条对立的用人路线。它们的本质区别是用人为私，还是用人为公。我们党的用人政策，是"任人唯贤"，坚决反对"任人唯亲"。这也是十九大报告和新时代组织路线所着重强调的。

任人唯贤，要求国企干部在选拔使用人才时，要出以公心，不徇私情。首先考虑的应该是他的品德和才能，而不是考虑他是否是自己的亲朋、好友。历史上曾经发生过这样一个故事：

一天，晋平公问大夫祁黄羊："南阳那个地方缺个长官，谁适合去补这个缺？"

祁黄羊回答说："解狐可以。"晋平公听了很惊讶，问他说："解狐不是你的仇人吗？你怎么推荐仇人呢？"

祁黄羊回答道："您是问我谁担任这一职务合适，并没有问谁是我的仇人。"

晋平公说:"很好。"于是,他就派解狐去任职。国都里的贵族都称赞任命得对。而解狐任职后也是不负众望,受到南阳民众的拥护。

祁黄羊这个伯乐真的是推荐人才出以公心,而不是从个人的恩恩怨怨来看一个人的好坏。正因为如此,他才能坦荡地推荐仇人为官。

当然,并不是说亲朋好友不能用,关键是先看什么,后看什么。如果亲朋好友有德、有才,当然可以"举贤不避亲"。

污水理论告诉我们:如果把一勺酒倒进一桶污水中,你得到的是一桶污水;如果把一勺污水倒进一桶酒中,你得到的还是一桶污水。一个没有品德、才能的人就是一勺污水,他能很快就将一个高效的企业变成一盘散沙。

第三,人事相宜。人事相宜,就要处理好"职"与"能"的关系。

职,就是职位;能,就是才能。"为官择人者治,为人择官者乱。"正确处理职位与才能的关系,要求国企干部在选拔任用人才时,要能"坚持事业为上,以事择人、人岗相适"。这就是说,坚持事业需要什么样的人就选什么样的人,岗位缺什么样的人就配什么样的人,不论资排辈,不搞平衡照顾。把合适的人放到合适的岗位上。

## (四)建立从严管理体系

常言道:"严是爱,松是害。"建立"从严管理体系",就是要对企业员工管思想、管工作、管纪律,这是对企业员工最大的爱。

第一,管思想。邓小平同志讲:"思想路线不是小问题,这是确定政治路线的基础。正确的政治路线能不能贯彻实行,关键是思想路线对不对头。"习近平总书记强调:"对党员、干部来说,思想上的滑坡是最严重的病变,'总开关'没拧紧,不能正确处理公私关系,缺乏正确的是非观、义利观、权力观、事业观,各种出轨越界、跑冒滴漏就在所难免了。思想上松一寸,行动上就会散一尺。思想认识问题一时解决了,不等于永远解决。就像房间需要经常打扫一样,思想上的灰尘也要经常打扫,镜子要经常照,衣冠要随时正,有灰尘就要洗洗澡,出毛病就要治治病。"①

思想,词典上解释说,它是客观存在反映在人的意识中经过思维活动而产生的结果,是人类一切行为的基础。

思想既然是人类一切行为的基础,那么,思想的正确与否,就决定着行为的是否正确,也决定着人生的价值如何。

换一句话说,正确的思想引领着正确的行为,正确的行为造就有价值的人生;错误的思想引领错误的行为,错误的行为将导致错位的人生。

因此,必须通过管思想,让企业员工坚定理想信念,树立正确的价值观、权力观、事业观和政绩观。

第二,管工作。管工作,就是要教育引导国企员工不负党和人民的重托,以守土有责、守土负责、守土尽责的责任担当,在其位、谋其政、干其事、求其效,努力作出无愧于时代、无愧于人民、无愧于历史的业绩。

---

① 习近平:《在党的群众路线教育实践活动总结大会上的讲话》(2014年10月8日),《十八大以来重要文献选编》(中),中央文献出版社2016年版,第94—95页。

管工作，还要建立崇尚实干、带动担当、加油鼓劲的正向激励体系。对敢于负责、勇于担当、善于作为、实绩突出的员工，要及时大胆用起来，让大家看到只要真干事、能干事、干成事，组织上是不会埋没他的。

第三，管纪律。陈云同志讲，"可否不要纪律呢？如果不要也可以，那就是毛主席讲的六个字：'亡党亡国亡头'，就不可避免。"[①]

陈云同志的话虽然是1943年3月所讲，但在新的历史条件下，依然具有警示意义。

## 三、保落实，把事情做正确

做正确的事，是选准方向和确定目标；正确地做事，是正确地为选准的方向和确定的目标来做事。这其实就是保落实。

要知道，做正确的事情重要，但如果没有正确地去做事，也不会取得好的效果。因此，国企干部在做出了正确的决策之后，还要确保落实。保落实，也是中央对国企干部提出的重要任务要求。

国企干部保落实，要坚持全心全意依靠工人阶级的方针，调动广大工人阶级的积极性、主动性，大家共同努力，把工作任务落实好。

---

① 陈云：《关于党的文艺工作者的两个倾向问题》，《陈云文选》（1926—1949年），人民出版社，第197—198页。

### （一）紧紧把握抓落实的根本

抓落实，首先要把握住根本，紧盯落实的着力点。这是解决为谁而抓落实的问题。

抓落实的根本是什么？习近平总书记2011年3月1日在中共中央党校春季学期开学典礼的讲话中，说得非常清楚："全心全意为人民服务是我们党的根本宗旨。各级领导干部要把以人为本、执政为民贯穿到抓落实之中，切实做到权为民所用、情为民所系、利为民所谋。把握住这一点，就把握住了抓落实的根本。"

国企干部抓落实，必须把握这一根本，紧盯这一着力点。国企干部把握住了这一根本，盯住了这一着力点，就会把党和人民的托付看得比泰山还重；就会盯着排头找差距，对照先进学经验；就会以锲而不舍的精神抓好党的路线方针政策的落实，抓好党和政府、企业各项工作任务目标的落实。

第一，强化党的宗旨意识。全心全意为人民服务，是我党的根本宗旨。所谓"根本宗旨"，是指贯穿于特定的组织或者事物整体以及全过程的根本目的或根本意图。

我党自诞生之日起，就把全心全意为人民服务确立为自己的根本宗旨和行为准则。这也是我党区别于其他任何政党的根本标志。国企干部抓落实，必须牢记这一宗旨，强化这一宗旨。

《中国共产党章程》明确规定："中国共产党党员必须全心全意为人民服务，不惜牺牲个人的一切，为实现共产主义奋斗终身。""中国共产党党员永远是劳动人民的普通一员。除了法律和政策规定范围内的个人利益和工作职权以外，所有共产党员都不得谋求任何私利和特权。"

第二，践行党的根本宗旨。践行党的根本宗旨，就是在抓落实的过程中，始终坚持把人民群众的根本利益作为出发点和归宿；就是要心系人民，权为民所用，利为民所谋。做到在任何时候、任何情况下，都要把人民群众的根本利益置于首位。

## （二）培育良好的落实文化

所谓落实文化，是指贯穿于整个组织系统的、大多数团队成员形成的对落实的看法、习惯和理念等的总称。落实文化是企业文化的重要组成部分。

国企干部抓落实，必须培育良好的落实文化。一个没有落实文化氛围的企业要想搞好落实，无疑是天方夜谭。

关于落实文化的作用，IBM的创始人托马斯·沃森说得很清楚："一个组织的基本哲学思想对组织的作用比技术资源、经济资源、组织机构、创新和抓住时机的作用更大。"[1]

良好的落实文化，对企业员工起着巨大的激励和引导作用；相反，不良的落实文化则制约着企业员工的落实能力的发挥，从而影响落实。那么，如何培育企业的落实文化？培育企业的落实文化需要从

---

[1] 转引自王强、胡汉辉：《管理创新十讲》，天津人民出版社，2002年9月第1版，第226页。

以下几方面着力：

第一，以共同理想作为培育企业落实文化的方向目标。习近平总书记强调指出，"一个国家，一个民族，要同心同德迈向前进，必须有共同的理想信念作支撑"。①

所谓共同理想，是指作为全社会共同意识的理想，是全社会人民奋斗的目标。

培育企业落实文化，以共同理想作为培育企业落实文化的方向目标，有益于保持企业落实文化方向上的正确性。

在新时代，全国各族人民的共同理想，就是全面建成小康社会，把我国建设成为富强、民主、文明、和谐、美丽的社会主义现代化强国，实现中华民族伟大复兴的中国梦。

这一共同理想，是党的意志，是建设中国特色社会主义现代化国家的发展目标。用这一共同理想来作为培育企业落实文化的方向目标，会使企业落实文化与党的意志和国家的发展目标相契合，并体现出党的意志和国家发展目标的要求。而这种企业落实文化将极大地激励企业员工去积极主动、自觉自愿地去落实执行。

第二，以党的核心价值作为培育企业落实文化的灵魂旗帜。什么是党的核心价值？2008年9月，时任中共中央党校校长的习近平在出席中共中央党校2008年秋季学期开学典礼时发表的重要讲话中，对党的核心价值作了明确的阐述，他说："必须坚持立党为公、执政

---

① 《习近平会见第四届全国文明城市、文明村镇、文明单位等先进代表》，中央政府网，2015年2月28日。

为民，把实现好、维护好、发展好最广大人民的根本利益作为党的核心价值，始终保持党同人民群众的血肉联系"。

以党的核心价值作为培育企业落实文化的灵魂旗帜，会使企业落实文化具有灵魂的内核。企业落实文化有了这种灵魂的内核，被其熏陶的企业员工在落实执行时也就有了精神动力和大局意识。

第三，以责任理念作为培育企业落实文化的主体架构。培育企业落实文化，其基本的主体框架，就是责任理念。

把责任理念作为培育企业落实文化的基本主体框架，是强调责任担当在落实文化的四梁八柱作用。

企业落实文化如果充溢着责任担当的内涵精神，会使身处其中的企业员工受到潜移默化的影响，从而信奉并践行责任理念，而这种责任理念是落实执行的关键所在。

第四，以诚信思想作为培育企业落实文化的牢固基石。诚信，是中华民族的传统美德，也是社会主义核心价值观的一项重要内容。自古以来，诚信就被人们视为"为政之本""做人之道""经商之基"。对于企业落实文化来讲，诚信是其牢固的基石。

中国共产党作为先进文化的代表，向来十分重视诚信问题，中国共产党自诞生之日起，就把诚信作为党的建设的一项重要的内容，并在领导中国革命、建立中华人民共和国和改革开放的过程中，形成了丰富而独特的诚信思想，即恪守承诺。"为中国人民谋幸福，为中华民族谋复兴"，是中国共产党的初心和使命，这种初心和使命也是对中国人民作出的庄重承诺。中国共产党自诞生以来，就为兑现这种庄重承诺而不懈地英勇奋斗着。

以诚信思想作为培育企业落实文化的牢固基石，能有效避免在落实执行上出现"上有政策，下有对策"等落实不力的问题。

### （三）打造高效落实的团队

"一个组织有没有落实能力，关键看有没有选对人。一个再完美的战略决策，也会毁在缺乏落实能力的人的手中。"这是有识之士的论断。

国企干部抓落实，必须打造一支高效落实的团队。

第一，树立崇尚实干的用人导向。导向就是方向标。习近平总书记说过："用好一个干部，就是树立一面旗帜，就会在一个地方、一个部门、一个单位形成良好的工作氛围。一些地方、部门和单位之所以出现形式主义、官僚主义问题，往往同用人导向有关。"

企业干部抓落实，打造落实的团队，必须要树立崇尚实干的正确用人导向。

一是让老实人不吃亏，就要旗帜鲜明地选拔任用求真务实、埋头苦干、默默奉献、不事张扬、兢兢业业为党和人民工作的人员；坚决不用那些好大喜功、虚报浮夸、投机取巧、坐而论道、作风漂浮、搞花架子的人。

二是让敢担当的人有位子，就要旗帜鲜明地使用那些为了事业的发展勇于负责、敢担风险、不计个人得失的人员；坚决不用那些遇事推诿、斤斤计较个人得失的人。

只有树立了这样的用人导向，才能调动广大企业员工落实的积极性，并在企业内形成崇尚实干的氛围。

第二，选用优秀落实型人才。一般说来，落实型人才有以下几大特征：

一是具有较高的政策理论水平。一个人具有较高的政策理论水平，才能运用已拥有的政策、社会、行政管理等方面的知识及其实践技能去理解中央的政令、上级政府的决策和本企业的工作要求。否则，理解错误，把握失当，或者断章取义，就会南辕北辙，最终导致落实执行的失败。

二是具有高尚的道德品质修养。道德品质修养是企业员工有效落实中央政令、上级决策和本企业工作任务的思想基础和根本。优秀的落实型人才应该具有这样的道德品质：服从的观念；忠诚的精神；负责的态度；诚信的品质。

三是有效完成工作任务的能力。优秀的落实型人才不仅需要具有高尚的道德品质修养，还需要具有完成工作任务的能力，即"德才兼备"。

如果没有完成工作任务的能力，"能力恐慌"，即使是想落实，也是无能为力的。

把信送给加西亚的安德鲁·罗文中尉就是一个落实执行的人。

一百多年前的一天，美国总统麦金莱把一封有关战争的信交给了一位名叫安德鲁·罗文的中尉，要求他"必须把信送给加西亚……并且要独立完成任务"。

安德鲁·罗文把信送给了加西亚,并且为麦金莱总统带回了宝贵的情报,出色地完成了任务。尽管送信的途中困难重重,险象环生,但安德鲁·罗文却没有提出任何问题,只是忠诚地把信送给了加西亚。

这个故事随着出版家阿尔伯特·哈伯德的名篇《把信送给加西亚》而在世界各地广泛流传。

**(四)以制度建设为保障机制**

邓小平同志曾经强调指出:"制度好可以使坏人无法任意横行,制度不好可以使好人无法充分做好事,甚至会走向反面。"[①]国企干部要确保落实,还必须提供相应的制度保障。

制度是抓落实的最经济方式。古人云:"不以规矩,无以成方圆。"抓落实,企业员工具有强烈的落实意识是首要的。但只有强烈的落实意识还不够,企业内部还必须具有有效的落实保障制度。任何一项工作任务的落实,都应该有与之配套的监督、检查制度。

有效的落实机制,应该是对完成、落实工作任务好的团队成员予以奖励,而对于那些不完成工作任务或者落实不力的人给予惩处。只有这样,才能保证工作目标的最终实现。

有人说,没有人能让一种产品的合格率达到100%,但是,在第二次世界大战中,美国军方却做到了。

---

① 邓小平:《党和国家领导制度的改革》,《邓小平文选》第2卷,人民出版社1994年第2版。

故事发生在第二次世界大战中期,发生在美国空军和降落伞制造商之间……

当时,降落伞的安全性能不稳定,经常出问题。降落伞制造厂家经过技术改造,使降落伞的合格率达到了99.9%。降落伞制造商很满意,但美国军方不满意。美国军方要求,降落伞的合格率必须达到100%。

降落伞制造厂家认为,达到99.9%已经相当优秀了,要达到100%几乎是不可能。没有一种产品的合格率能达到100%,除非出现奇迹。

后来,美国军方将检查产品质量的制度做了修改。他们决定从厂商前一周交货的降落伞中随机挑选出一个,让降落伞生产厂家的负责人亲自装备上,然后试跳。

这一制度实施后,出现了奇迹。降落伞的合格率达到了100%。制度将不可能的事变成了可能。

第一,建立健全严格的目标责任制度。有个故事,很有意思:一个孩子得到一条新裤子。他试了试,发现长了一点。

他请奶奶把裤子剪短一些。奶奶说:"今天的事太多,你去找你妈妈。"孩子去找妈妈,妈妈说:"手头有活正忙,等我忙过了再说。"没办法,他只好去找姐姐。没想到,姐姐有约会,马上就要走。

孩子带着失望的心情入睡了。因为他担心第二天没法穿这条裤子。

奶奶忙完家务事,想起了孙子的裤子,就把裤子剪短了一些;姐姐回来想起这事,也把裤子剪短了一点;妈妈腾出手后,又把裤子剪短了一点。

不用说,这裤子后来就根本没有办法穿了。不言而喻:共同负责等于无人负责。

在现实工作中,我们的许多工作都会出现"要么都不管,要么都来管"的尴尬局面。结果,影响了工作任务的落实。正如习近平总书记所指出的:"有些地方、部门和单位存在工作推诿扯皮现象,与目标责任不明确、工作任务没细化有很大关系。要科学进行责任分解,把目标任务分解到部门、具体到项目、落实到岗位、量化到个人,以责任制促落实、以责任制保成效,形成一级抓一级、层层抓落实的工作局面。"

抓落实,必须建立健全严格的目标管理责任制。1978年12月23日邓小平同志在中央工作会议上的报告中就指出:"现在,各地的企业事业单位中,党和国家的各级机关中,一个很大的问题就是无人负责。名曰集体负责,实际上等于无人负责。一项工作布置之后,落实了没有,无人过问,结果好坏,谁也不管。所以急需建立严格的责任制。"①

企业干部要通过建立健全目标管理责任制,使每一项工作都有着落,每一件任务都能责任到人,使每一项工作都有完成时限和基本要求。

南京明城墙是我国保存比较完整的古城墙,也是世界上现存最大

---

① 邓小平:《邓小平文选》第2卷,人民出版社1994年10月第2版,第150—151页。

的古代砖城,这与它所用砖块的质量很有关系。据记载,该城墙所用砖块都是由长江中下游附近的150多个府(州)、县烧制的。砖的侧面刻着铭文,除时间、府县外,还有4个人的名字,分别是监造官、烧窑匠、制砖人、提调管(运输官)。

砖上刻人名的用意,用现在的话来说,就是职责分明、责任到位。参与人员的名字都刻在砖上,清清楚楚、一目了然,一旦出现问题,谁也赖不掉。无论监造官、提调官,还是烧窑匠、制砖人,哪个环节出了问题,都要被追究责任。这就使得参与人员丝毫不敢懈怠,都尽职尽责地努力工作。最后交砖时,检验更为严格,由检验官指使两名士兵抱砖相击,如铿锵有声、清脆悦耳而不破碎,属于合格;如相击断裂,责令重新烧制。正因为责任如此明晰,才保证了城砖质量上乘,以至南京明城墙历经600多年的风雨仍巍然屹立。[1]

人天生都有一种惰性心理,如果不明确每个人的目标责任,把任务与目标责任联系起来,就会导致无人负责的后果。所以,责任要落实。而且,不仅要落实,还要落实得具体,那种人人负责的情况,其结果也跟没有人负责是一样的。

第二,建立健全严格的督查督办制度。工作有布置,没有督办检查,就容易走过场。因此,必须建立一套保障落实的督查督办机制。

督查督办,顾名思义就是监督检查、催促办事。也就是说,通过监督、检查,及时发现没有落实的问题,然后用监督、催促的手段,

---

[1] 杨宗华:《责任胜于能力》,石油工业出版社,2009年3月版,第86页。

来推动落实，确保政令畅通。督查督办要坚持以下三个基本原则：

一是客观性原则。对每项工作督查，督查人员都要坚持深入工作现场，了解真实情况，全面调查分析，客观反映问题，用事实说话，不主观臆断，不以偏概全。

二是不回避原则。需要督办的事项一般是困难多、阻力大、周期长的工作，有时甚至涉及分工领导和部门负责人，处理起来比较棘手。督查人员要以高度负责的精神，不怕得罪人，敢于督查，敢于处理，敢于批评。

三是责任追究原则。对工作落实不到位、出现失误，造成不良后果的单位或个人要一查到底，坚决追究责任。

第三，建立健全严格的奖惩追究制度。时任山西省政协副主席的吕日周，曾经讲过这样两件事：他在离开原平县的第一天，天降大雪。他在原平担任县委书记时，带头组织大家扫雪，可那天，干部们知道吕日周走了，也就没人扫雪了。结果，有人摔伤了。吕日周听说这件事情之后，很受刺激。

后来，吕日周到美国水牛城参观，正好遇上漫天大雪。他去看望一位留学生，只见他早早起来扫雪。吕日周问他："你在国内也没这么积极，怎么在这里倒学起雷锋来了？"他说："因为这里的法律规定，如果遇上下雪，你的门前必须扫三次雪，否则就要罚款，包括在我门前摔倒的人也要我去花钱给他治疗。所以，我得积极扫雪。"

正因为如此，吕日周曾说了一句非常经典的话："抓住不落实的事＋追究不落实的人＝落实"。

应该说，这句话是他工作经验的总结。狠抓落实，不仅要有严格的监督检查机制，还必须建立健全严格的奖惩追究制度。

严格的奖惩追究制度，是抓落实的有效手段。因为一个企业奖励什么行为就是鼓励企业员工多发生类似的行为；同样，一个企业惩罚什么行为，就是希望在企业员工中抑制甚至杜绝类似行为的发生。建立完善奖惩追究制度，要注意以下几个方面的问题：

一是奖惩导向要正确明确。某企业表彰了两位员工。对这两位员工许多人认为是不应该获得表彰的。因为他们无论是工作态度还是工作业绩都称不了上乘。

后来，人们经过分析得出了结论：和领导走近一点，比工作干得卖力点更为重要。于是，有的人就开始想方设法靠近领导，而不去想怎样做好工作。

由此可见，该企业表彰的导向出现了问题。作为企业员工不仅需要和领导相处好关系，更重要的是要把工作做好。

要抓好落实，国有企业在制定奖惩政策时，其奖惩导向必须是有利于工作落实的行为，而不是错误的行为。

二是奖惩标准要细化量化。一个科学的奖惩机制，其奖惩标准的规定一定要尽可能地细化、量化，具有可操作性，以避免奖惩的主观性和随意性。

细化、量化的奖惩标准，有利于实施者操作执行。粗糙的、缺乏科学性的奖惩标准，无疑会给奖惩的实施带来一定的难度。

三是奖惩措施要及时兑现。美国有一家名为福克斯波罗的公司。

这家公司专门生产精密仪器设备等高技术产品。

在创业初期,这家公司碰到了一个迟迟不能解决的技术难题。而这道难题如果不解决,公司就会生存不下去。公司总裁为此大伤脑筋。

一天晚上,正当公司总裁坐在办公室百思不得其解之时,一位科学家闯进了他的办公室,说是找到了一个解决的办法。

科学家的阐述让总裁豁然开朗。总裁喜出望外,想立即给科学家以嘉奖。可是,他在抽屉中找了半天,只找到了一根香蕉。他把这根香蕉作为奖品奖给了科学家。科学家很感动,因为他的成果得到了总裁的肯定与赞赏。

从此之后,这家公司只要员工攻克了重大技术难题,都会得到公司授予的金制香蕉型别针。

"赏不逾时,欲民速得为善之利也;罚不迁时,欲民速睹为不善之害也"。及时兑现奖惩措施,能增强奖惩政策的严肃性。如果该奖励的不及时奖励,会影响企业员工落实的积极性;而该惩罚的不及时惩罚,则会助长企业员工的消极性。不仅如此,时过境迁,对未被奖惩的人员也起不到应有的教育和引导作用。

抓落实,需要通过建立健全严格的奖惩追究制度,激励落实的人,惩处、追究不落实的人,使责、权、利三者相统一。

第五章

# 兴企有为，
# 要求国企干部勇于担当善于作为

习近平总书记曾经指出："党和人民把国有资产交给企业领导人员经营管理，是莫大的信任。"国企干部要"兴企有为"，不辜负这种信任。"有为"，就是有作为。强调的是在其位、尽其职，其更高的境界是勇担当，善作为。

习近平总书记在十九大报告中强调，要"培育具有全球竞争力的世界一流企业"。培育世界一流企业，企业干部必须兴企有为。

## 一、坚定地担负起政治责任

政治责任，是政治主体在政治生活领域应该做的事情以及没有做好这些事情要受到的谴责和惩处。政治主体，是政治活动的从事者和政治关系的承担者。政治责任与政治主体在政治生活中的角色紧密相连。国企干部作为政治主体的重要组成部分，在政治生活领域承担着重要的责任。

### （一）同党中央保持高度一致

国企干部要坚定地担负起政治责任，首要一点，是要在思想上和行动上自觉地同党中央保持高度一致。

习近平总书记强调指出："同党中央保持一致不是一个空洞口号，而是一个重大政治原则。"①

国企干部同党中央保持高度一致，不仅要在指导思想上同党中央保持高度一致，在路线方针政策上同党中央保持高度一致，还要在关系全局的重大原则问题上同党中央保持高度一致。

《中国共产党纪律处分条例》第四十四条规定："在重大原则问题上不同党中央保持一致且有实际言论、行为或者造成不良后果的，给予警告或者严重警告处分；情节较重的，给予撤销党内职务或者留党察看处分；情节严重的，给予开除党籍处分。"

国企干部同党中央保持高度一致，才能确保党的理论和路线方针政策、党的重大决策部署的贯彻落实。

### （二）严守政治纪律和政治规矩

习近平总书记指出："在所有党的纪律和规矩中，第一位的是政治纪律和政治规矩。"

国企干部要坚定地担负起政治责任，必须严格遵守党的政治纪律

---

① 习近平：《严明政治纪律，自觉维护党的团结统一》（2013年1月22日），《十八大以来重要文献选编》（上），中央文献出版社2014年版，第132页。

和政治规矩。这是遵守党的全部纪律和党内规矩的基础，是坚持党的政治立场、政治原则和政治方向的前提。

国企干部严格遵守党的政治纪律和党的政治规矩，必须按照习近平总书记在十八届中央纪委五次全会上对党员干部提出的具体要求，即"五个必须"和"五个不允许"去做：

第一，必须维护党中央权威，决不允许背离党中央要求另搞一套。必须在思想上政治上行动上同党中央保持高度一致，听从党中央指挥，不得阳奉阴违、自行其是，不得对党中央的大政方针说三道四，不得公开发表同中央精神相违背的言论。

《关于新形势下党内政治生活的若干准则》（以下简称《准则》）指出："坚决维护党中央权威、保证全党令行禁止，是党和国家前途命运所系，是全国各族人民根本利益所在，也是加强和规范党内政治生活的重要目的。"

《准则》的这段文字深刻地阐明了坚决维护党中央权威、保证全党令行禁止的重大价值。

作为一个有着9191.4万名党员、468.1万个基层党组织的大党，领导着一个拥有56个民族、14亿多人口的大国的中国特色社会主义事业的领导核心，必须有权威，才能形成统一的意志和统一的行动。

马克思指出："凡是有许多个人进行协作的劳动，过程的联系和统一都必然要表现在一个指挥的意志上……就像一个乐队要有一个指挥一样。"[①] 马克思在这里所讲的"指挥"，就是领导。

---

① 《马克思恩格斯全集》第25卷，人民出版社1974年第1版，第431页。

领导要能有效地"指挥",就必须具有"权威"。恩格斯在《论权威》中便明确地指出:"联合活动、相互依赖的工作过程的复杂化,正在取代各个人的独立活动。但是,联合活动就是组织起来,而没有权威能够组织起来吗?"① 他还以工厂生产、列车运行、轮船航海为例,论述了权威的必要性。他说:"一方面是一定的权威,不管它是怎样造成的,另一方面是一定的服从,这两者不管社会组织怎样,在产品的生产和流通赖以进行的物质条件下,都是我们所必需的。"② "没有权威,就不可能有任何的一致行动。"③

作为中国特色社会主义事业领导核心的中国共产党,必须有权威,才能保证全党令行禁止,全党全国人民共同努力,完成夺取新时代中国特色社会主义伟大胜利,实现中华民族伟大复兴的中国梦。

第二,必须维护党的团结,决不允许在党内培植私人势力。要坚持五湖四海,团结一切忠实于党的同志,团结大多数,不得以人划线,不得搞任何形式的派别活动。

党的团结和统一是党的生命,是党的力量所在。国企干部严格遵守党的政治纪律和党的政治规矩,必须做维护党的团结和统一的表率。维护党的团结和统一,对党忠诚老实,言行一致,坚决反对一切派别组织和小集团活动,反对阳奉阴违的两面派行为和一切阴谋诡

---

① 恩格斯:《论权威》,《马克思恩格斯选集》第2卷,人民出版社1972年5月第1版,第551—552页。
② 同上,第553页。
③ 恩格斯:《恩格斯致保·拉法格》,《马克思恩格斯选集》第4卷,人民出版社1972年5月第1版,第397页。

计，是国企干部必须履行的义务和神圣的职责。

团结统一才有力量。不团结、闹分裂，没有好下场，没有好结果。当年，张国焘就是因为与党中央闹分裂，致使红四方面军三过草地，损失严重。原武汉军区副政委任荣曾经回忆说：

自1935年6月红一、四方面军会师后，党中央决定集中红军主力向北发展，创建川陕甘革命根据地。但张国焘自恃人多枪多，置中央决定于不顾，搞分裂、搞反党阴谋，强令四方面军部队南返，企图在四川、西康两省交界的少数民族聚居地建立根据地。

行军的第三天，我们蹚过一条一米多深的小河，然后踏上小石山。在路右边的小山崖下，看见躺着许多牺牲的同志，我们只有默默地向他们的遗体告别。由于风雨、泥泞、寒冷的折磨，饥饿的熬煎，高山缺氧的反应，大家的身体越来越弱。不少同志走着走着就倒下去了。有的腿没有力，上不去山坡，一坐下就再也起不来了。加之大部队走后，无力收容救治，使得许多同志长眠在这荒无人烟的草地上。这是张国焘搞分裂造成的恶果。

事实说明，南下是没有出路的。因为路线的错误，部队屡屡受挫。特别是百丈镇一战的失利，我军伤亡惨重。红军将士以生命的代价，宣告了张国焘南下路线的破产。值得欣慰的是，在党中央的关怀下，红四方面军又三过草地，与红二方面军一同北上，终于重新回到了正确的轨道。

将军动情地告诉记者：三过雪山草地的经历，让我们深深体会到了离开党的正确领导的滋味。从此以后,我更加坚定了对党的信念,坚定了对革命事业的信念,一生都没有动摇过。①

第三,必须遵循组织程序,决不允许擅作主张、我行我素。重大问题该请示的请示,该汇报的汇报,不允许超越权限办事,不能先斩后奏。

重视党内重大问题请示报告制度,是我党的优良传统。早在 1923 年 12 月 18 日,中国共产党就为建立每月报告制度做了准备,发出通告。党中央在《中央通告》中就有关工作要求"各地方务须随时报告区委员会,各区会务须随时报告中局"。

1928 年 10 月 17 日,中共中央在《关于各省委对中央的报告大纲》中,对报告的时间、种类、内容以及保密要求都做了规定,并警示如果不按时上送详细报告者"中央即停发经费"。

随后,不论是建立新中国之前还是之后,我党都有多部制度规定出台,对重大问题请示报告进行规范。

比如,1997 年 7 月,中共中央办公厅、国务院办公厅印发了《关于领导干部报告个人重大事项的规定》(中办发〔1997〕3 号),首次将"完善领导干部重大事项报告制度"作为反腐倡廉制度创新的一项重要内容。

党的十八大以来,以习近平同志为核心的党中央更是高度重视重

---

① 卜金宝:《三过雪山草地》,央视网,2007 年 5 月 31 日。

大问题请示报告问题。

2013年12月7日，中央组织部为加强对领导干部的管理和监督，促进领导干部廉洁从政，根据《中国共产党章程》、党内有关规定和国家有关法律法规，制定印发了《关于进一步做好领导干部报告个人有关事项工作的通知》，对进一步做好领导干部报告个人有关事项工作提出了明确的要求。

2019年2月底，中共中央又印发了《中国共产党重大事项请示报告条例》（以下简称《条例》），并发出通知，要求各地区各部门认真遵照执行。

通知指出："请示报告制度是我们党的一项重要政治纪律、组织纪律、工作纪律，是执行民主集中制的有效工作机制，对于坚决维护习近平总书记党中央的核心、全党的核心地位，坚决维护党中央权威和集中统一领导，保证全党团结统一和行动一致，具有重要意义。制定出台《条例》，有利于提高重大事项请示报告工作制度化、规范化、科学化水平。"

第四，必须服从组织决定，决不允许搞非组织活动。不得跟组织讨价还价，不得违背组织决定，遇到问题要找组织、依靠组织，不得欺骗组织、对抗组织。

2018年7月，习近平总书记在全国组织工作会议上指出："每个党员特别是领导干部都要强化党的意识和组织观念，自觉做到思想上认同组织、政治上依靠组织、工作上服从组织、感情上信赖组织。"

思想上认同组织。这是一个人成为共产党员的基本条件。当一个人填写入党志愿书，成为预备党员，面对党旗进行宣誓的时候，从理论上讲，就意味着他（她）思想上认同了组织。思想上认同了，才能"志愿加入中国共产党"，这是显而易见的。

思想上认同组织，就要对组织忠诚，就要坚定组织信仰。贺龙的堂弟、革命烈士贺锦斋，就是一个思想上绝对认同党组织的同志。

1928年7月，身为中国工农红军第四军第一师师长的贺锦斋，率领部队转移途中，被敌人包围。在与敌人作最后决死的一战之前，他给弟弟贺锦章写下了一封家书。

家书中写道："我承党殷勤的培养，我决心向培养者贡献全部力量，虽赴汤蹈火而不辞，刀锯鼎镬而不惧。"

信后还附诗两首，其中一首有这样一句话："吾将吾身献吾党"。

政治上依靠组织。习近平总书记指出："好干部不会自然而然产生。成长为一个好干部，一靠自身努力，二靠组织培养。"

国企干部的成长，离不开党组织的培养教育。国企干部要始终牢记自己是党的人，在政治上要依靠党组织成长自己、发展自己、修养自己。

工作上服从组织。这是要求国企干部在工作中，要服从组织的工作安排，真正做到个人服从组织、下级服从上级。组织交给的任何一项工作任务、作出的任何一项决定，都要不打折扣地落实执行。

感情上信赖组织。习近平总书记指出："是党员，就要把牢政治方向，强化组织意识，时刻想到自己是党的人，时刻不忘自己对党应尽的义务和责任。"

"时刻想到自己是党的人",这是对党组织的感情认同,感情归属。

国企干部感情上信赖组织,就要为党分忧、为党尽职,为民担当。如大庆的"铁人"王进喜就是这样的国企干部。

1960年3月,王进喜奉命从玉门油田带领1205钻井队前往大庆。他和全队职工日夜兼程,千里迢迢来到萨尔图。下火车后,他一不问吃,二不问住,找到油田生产调度室首先问:"我们队的钻机到了没有?钻井的井位在哪里?这里的钻井最高纪录是多少?"

得知井位在马家窑附近,他立即带队步行两个多小时来到井场。当天夜里,全队33人就住在当地农村的马厩里、牛棚里,有的就在野外风餐露宿。

钻机到站后,汽车和拖拉机还没有运到。钻井设备重达60吨,无法卸车、搬运和安装。王进喜没有向上级伸手,而是要求全队职工"有条件要上,没有条件创造条件也要上!""只能上,不能等,只准干,不准拖!"他带领职工把钻机化整为零,使用撬杠和棕绳,人拉肩扛,把五六十吨重的钻机部件卸下火车。然后,又用人拉肩扛,装卸汽车,把钻机和设备从车站运到马家窑附近的萨55井(铁人第一口井,也叫萨55井,是王进喜率领1205钻井队到大庆后打的第一口油井)安装设备,竖起了井架。

初春的大庆,寒风刺骨,滴水成冰,参加会战的石油大军所遇到的困难,是史无前例的。王进喜发出了惊天动地的呼唤:"宁可少活20年,拼命也要拿下大油田。"王进喜吃在井场,住在井场,饿了啃几口干粮,困了枕着钻头躺在成排的钻杆上休息一会儿。开钻时,需要用大量的水调制泥浆,但当时既没有铺设供水管线,水罐车也很少,他不等不靠,带领职工从一里外的水泡子破冰取水,用脸盆端了50多吨,保证了萨55井4月14日提前开了钻。他们只用了5昼夜零4小时,就打出了大庆油田第一口生产井。从安装钻机到他们钻的第一口井完钻,王进喜一连七天七夜不下"火线"。当地的老乡感动地说:"王队长可真是铁人啊!"从此,"铁人"这个名字,传遍了整个大庆油田。①

第五,必须管好亲属和身边工作人员,决不允许他们擅权干政、谋取私利。不得纵容他们影响政策制定和人事安排、干预日常工作运行,不得默许他们利用特殊身份谋取非法利益。

东汉时,有一个少年名叫陈蕃。陈蕃自命不凡,一心只想干大事业。

一天,他的朋友薛勤来拜访他。薛勤见他独居的院内龌龊不堪,就对他说:"孺子何不洒扫以待宾客?"

陈蕃回答说:"大丈夫处世,当扫天下,安事一屋?"薛勤当即反问道:"一屋不扫,何以扫天下?"陈蕃无言以对。

我这里引述这个故事,是想说,作为国企干部要治理好企业,首先,要正自己的家风,管好自己的家人和身边的人。如果连自己的家风都不正,自己的家人和身边的人都管不好,怎么能治理好企业?

---

① 杨春贵主编:《中国共产党艰苦奋斗100例》,中共中央党校出版社,2003年12月版第160—161页。

我们中华民族自古以来就有重视家风建设的传统。古人云："修身、齐家、治国、平天下"，"欲治其国者，先齐其家；欲齐其家者，先修其身……身修而后家齐，家齐而后国治，国治而后天下平。"

从古人的这些话语中，我们可以看出，古人对于国家统治者和社会管理者，首先要求他们进行自我修养，成为仁德贤明的君主或清正廉洁的行政管理官吏，并管理好家庭，然后再去治理国家和社会。古人的这种思想在今天也仍然具有重要的意义。

的确，"一屋不扫，何以扫天下？"如果国企干部连自己的配偶子女和身边的人都不能管住管好，又如何能够担负起"治企、兴企"的重任呢？即使国企干部自身廉洁奉公，如果配偶子女、身边人严重违法乱纪，国企干部自己也难以挺直腰杆，其领导形象也会在人民群众的心目中大打折扣。

关心爱护自己的亲属子女和身边人是人之常情。但这种爱决不能是溺爱，而应该是寓爱于严。

2016年1月12日，习近平总书记在第十八届中央纪律检查委员会第六次全体会议上的讲话中强调："每一位领导干部都要把家风建设摆在重要位置，廉洁修身、廉洁齐家，在管好自己的同时，严格要求配偶、子女和身边工作人员。"国企干部当牢记。

### （三）在大政方针下谋划具体工作

领导活动是由一系列具体工作构成的。如何思考、谋划、开展具体工作，并使具体工作不偏离正轨？答案是，在大政方针下去思考、谋划和开展具体工作。

所谓大政方针，就是党的理论、路线、方针和政策，就是党和国家工作的大局，就是最广大人民群众的根本利益。

国企干部在大政方针下去思考、谋划和开展具体工作，应该在以下几个方面着力：

第一，对大政方针要了然于胸。对党和国家的大政方针要了然于胸，是国企干部在大政方针下去思考、谋划和开展具体工作的前提条件。因此，国企干部要深入学习、正确领会党和国家的大政方针。

党和国家的大政方针具有鲜明的时代特色和很强的现实指导意义，深入学习党和国家的大政方针政策，能够确保形成的企业发展思路符合当前形势的要求，符合上级的政策规定。

第二，对全局形势要科学判断。科学判断全局形势是我党制定和执行正确的路线、方针、政策的基本依据，是正确思考、谋划和开展具体工作的重要基础。只有科学判断全局形势，领导决策才能建立在科学的基础之上。20世纪80年代中期，邓小平同志科学判断了"和平与发展是时代的主题"这一世界形势，据此制定了"一心一意抓发展，聚精会神搞建设"的科学决策。

国企干部作为企业决策的制定者，也是如此，必须对全局形势有科学的判断和把握，才能为企业做出正确的决策来。

2020年7月21日，习近平总书记在企业家座谈会上的讲话，是企业干部判断如今所处的政治经济形势的根本考量。习近平总书记在讲话中指出："近几年，经济全球化遭遇逆流，经贸摩擦加剧。"他还进一步指出:"我在今年全国'两会'上讲过,面向未来,我们要逐步形成以国内大循环为主体、国内国际双循环相互促进的新发展格局。主要考虑是:当今世界正经历百年未有之大变局,新一轮科技革命和产业变革蓬勃兴起。以前,在经济全球化深入发展的外部环境下,市场和资源'两头在外'对我国快速发展发挥了重要作用。在当前保护主义上升、世界经济低迷、全球市场萎缩的外部环境下,我们必须充分发挥国内超大规模市场优势,通过繁荣国内经济、畅通国内大循环为我国经济发展增添动力,带动世界经济复苏。要提升产业链供应链现代化水平,大力推动科技创新,加快关键核心技术攻关,打造未来发展新优势。"①

第三,对具体工作要准确把握。国企干部科学判断全局形势,为其思考、谋划和开展具体工作找到了正确的方向。在方向正确的基础上,国企干部还需要准确把握具体工作。准确把握具体工作,就是要使具体工作不仅符合党和国家的大政方针,还要符合客观实际情况。

## 二、坚定地担负起改革责任

2014年1月22日,习近平总书记在中共中央全面深化改革领导小组第一次会议上强调:"要强化改革责任担当,看准了的事情,就要拿出政治勇气来,坚定不移干。"国企干部要坚定地担负起国企改革责任,必须要坚定深化国企改革的必胜信心、培养深化国企改革政治

---

① 习近平:《在企业家座谈会上的讲话》(2020年7月21日),新华社北京7月21日电。

勇气、增强深化国企改革的政治定力。

**（一）坚定深化国企改革的必胜信心**

深化国企改革的大幕已经拉开。深化国企改革的目标，是要建立适应社会主义市场经济体制要求的企业制度安排，培育具有全球竞争力的世界一流企业。

建立适应社会主义市场经济体制要求的企业制度安排，培育具有全球竞争力的世界一流企业，不可能一蹴而就，其改革建立过程必定是艰苦卓绝的。

正如2014年2月9日习近平总书记在接受俄罗斯电视台采访时所言："在中国这样一个拥有13亿多人口的国家深化改革，绝非易事。中国改革经过30多年，已进入深水区，可以说，容易的、皆大欢喜的改革已经完成了，好吃的肉都吃掉了，剩下的都是难啃的硬骨头。这就要求我们胆子要大、步子要稳。胆子要大，就是改革再难也要向前推进，敢于担当，敢于啃硬骨头，敢于涉险滩。"[①]

国企改革也是如此。面对艰难的深化国企改革，要求国企干部坚定深化国企改革的必胜信心。

关于必胜信心的作用，孙中山先生有过精辟之论。他说："吾心信其可行，则移山填海之难，终有成功之日；吾心信其不可行，则反掌折枝之易，亦无收效之期也。心之为用大矣哉！夫心也者，万事之

---

① 《国家主席习近平接受俄罗斯电视台专访》，中央政府网，2014年2月9日。

本源也。"[①] 这就是说，信心非常重要，是万事成功的根本。当然，我们的信心不是盲目的自信，而是基于客观事实的自信。

### （二）培养深化国企改革的政治勇气

深化国企改革是一个系统工程。这项系统工程的实施，毫无疑问，会困难重重。会触及诸多利益矛盾，会面临和承受许多压力，包括责难。这就需要国企干部培养深化国企改革的政治勇气。

习近平总书记要求"要强化改革责任担当，看准了的事情，就要拿出政治勇气来"。要"拿出政治勇气"，需要有政治勇气，没有政治勇气，谈何拿出政治勇气。因此，国企干部坚定地担负起国企改革责任，必须培养政治勇气。培养政治勇气，需要从以下两方面着眼：

第一，培养浩然正气。正气，是指正大光明、公正无私的作风或风气；正直坦荡、刚正不阿的气节；坚持真理、坚持正义的精神品质。浩然正气是一种崇高的精神境界，是一种惊天地、泣鬼神的品格和节操。

历史经验告诉我们，具有浩然正气的人和群体，呈现的是勃勃的生机；而那些为邪气所缠绕的人和群体，显现的则是日薄西山的衰落。因此，我们中华民族自古以来就有重视浩然正气养成的深厚传统。

在我国，最早提出浩然正气的是生于两千多年前的孟子。孟子认为，浩然正气是最伟大，最刚强的。一个人如果有了"至大至刚"的

---

[①] 《建国方略·孙文学说》（1917—1919年），《孙中山全集》第6卷，中华书局1981年版，第158—159页。

浩然正气，就可以立于天地之间而无所愧作，无所畏惧。而浩然正气的养成不是偶然获得的，是长期培养的结果，并且不能有丝毫的懈怠与疏忽。即使是一次不良的行为，也会使浩然正气丧失殆尽。

孟子还认为，对于一个人来说，浩然正气的主要表现就是："富贵不能淫，贫贱不能移，威武不能屈"，这句话意思是说，富贵不能使他的心惑乱，贫困不能使他的节操改变，威武不能使他的意志屈服。

第二，培养奉献精神。培养政治勇气，还需要培养奉献精神。这里讲的奉献精神，是为深化企业改革心甘情愿地付出，而不求任何回报。

林则徐说过："海纳百川，有容乃大；壁立千仞，无欲则刚。"既然能够"心甘情愿地付出，而不求任何回报"，即"无欲"，自然会生出政治勇气来。

如何奉献？前人给我们作出了很好的榜样。他们兢兢业业、勤勤恳恳，竭尽全力地为党和人民工作，不惜奉献自己的全部精力，直到生命的最后一刻，"鞠躬尽瘁，死而后已"；他们像春蚕一样，心甘情愿地为了党和人民的事业奉献出自己的全部，"甘作春蚕吐尽丝"；他们为了党和人民的事业，为了人民的生命财产，不惜奉献自己的鲜血和生命，"我以我血荐轩辕"。

## （三）增强深化国企改革的政治定力

政治定力，是指国企干部在思想上政治上排除各种干扰、消除各种杂音，坚持正确立场、保持正确方向的能力。

国企干部坚定地担负起改革责任，必须增强政治定力。增强了政治定力，才能不为喧嚣而困、不为是非而惑、不为名利而动，以坚韧的毅力推进国企改革。

"咬定青山不放松，立根原在破岩中。千磨万击还坚劲，任尔东南西北风。"这是郑板桥的一首诗。国企干部增强深化国企改革的政治定力，必须培养"咬定青山不放松"的劲头。

深化国企改革，会面临着各种各样的矛盾、各种各样的困难，甚至是各种各样的责难。面对矛盾、困难、责难，必须"咬定青山不放松"，"任尔东南西北风"。正如十八大报告所展望的："只要我们胸怀理想、坚定信念，不动摇、不懈怠、不折腾，顽强奋斗、艰苦奋斗、不懈奋斗，就一定能在中国共产党成立一百年时全面建成小康社会，就一定能在新中国成立一百年时建成富强民主文明和谐的社会主义现代化国家。"

## 三、坚定地担负起岗位责任

国企干部身处重要工作岗位，职务就是职责，担当义不容辞。在其位，谋其政；任其职，尽其责。这是国企干部对待工作岗位应有的态度。坚定地担负起岗位责任，是做好本职工作的必要条件。

### （一）明确自身的社会角色

国企干部要坚定地担负起岗位责任，首先需要明确自身的社会角色。

常言道，到什么山上唱什么歌，是什么身份做什么事。京剧舞台上，生、旦、净、末、丑，各有各的腔，各有各的调，各有各的衣着，各有各的扮相，都得按照自己的角色规范来装扮，来表演，不能错位。

一个人在社会中生活，尽管在人格上是人人平等的，但是，身份是不同的，社会地位也是不同的。下属的身份，下级的地位不能因为人格平等，就能改变这种特性。而不同的身份、不同的社会地位具有不同的权利、义务和规范。因此，一个人要成功地扮演好社会角色，就需要在享有权利的同时，履行好义务，遵循好规范。由此而言，明确自身的社会角色，就是要明确以下几个问题：

第一，明确自身的社会角色义务。这里讲的"义务"，与"权利"相对，是指角色扮演者在政治上、法律上、道义上应尽的责任。由此而言，明确自身的社会角色义务，就是要明确自身在政治上、法律上、道义上应尽的责任。它包括两个方面：一是必须做什么；二是不能做什么。必须做的事情要尽心竭力去做，不能做的事情要竭力避免。

第二，明确自身的社会角色权利。权利，顾名思义，就是权力和利益。

明确自身的社会角色权力，就是要明确自己在履行角色义务时所具有的支配他人或使用所需的物质条件以及维护自身利益的权力。

自己有权力支配他人或使用所需的物质条件，可以支配和使用；自己无权力支配他人或使用所需的物质条件，就不能随意支配和使用。随意支配使用，就是侵权。

明确自身的社会角色利益，就是明确自身在履行角色义务之后，应该得到的物质和精神的报酬。应该得到的，依法获得；不该得到的，绝不能伸手。

社会主义制度的分配原则，是按劳分配，多劳多得，少劳少得，不劳不得。国企干部在履行角色义务之后都会得到相应的劳动报酬，贡献突出的，还会得到物质和精神的奖励。

作为责任承担者，要想得到物质和精神的报酬，必须要履行好自己的角色义务。不能只想得到物质和精神的报酬，而不去履行应尽的义务。

第三，明确自身的社会角色规范。角色规范是指角色扮演者在享受权利和履行义务过程中，必须遵循的行为规范或准则。

明确自身的社会角色规范，就是要明确自身在享受权利和履行义务的过程中，必须遵循的行为规范或准则。

### （二）清楚工作责任的边界

工作责任是有边界的。所谓工作责任的边界，就是分内应该做的事情。具体地说，清楚工作责任的边界，就是要明白哪些是该自己负责的，哪些是不该自己管的。

该自己负责的事情，就要尽心、尽力、尽情、尽责地把它做好，做到位。不该自己管的事情，就不要去大包大揽，去"包打天下"。当然，需要"补位"的情况例外。为什么要清楚工作责任的边界？

第一，避免越位侵权。"越位"是足球规则术语，它是指在进攻时，攻方队员不能在传球前超越对方最后一名防守后卫。

在赛场上，"越位"是违反比赛规则的。尽管你经过全力拼搏，甚至把球攻进了对方的大门，但也不能算数，相反，倒使对方得到了发球权，劳而无功，反而有损。

工作中，也有越不越位的问题。工作中的"越位"，是指言行超越了自己的权限。比如，三国时，曹操"挟天子以令诸侯"，就是严重的"越位"行为。

现实社会，就像是一个大舞台，每个人都有自己特定的角色地位。这种角色地位，是社会客观赋予每个人的，是每个人的身份，谁都不应超越。超越，往小里说，会影响人际关系；往大里说，会造成社会混乱。

足球场上"越位"，劳而无功；工作中"越位"，也是费力不讨好。工作中，大家虽然目标一致，需要紧密配合，但毕竟负有不同的职责，这种不同的职责规范了各自的社会角色地位。大家必须在各自不同的地位上，司其职，负其责，而不能相互替代。下级不能超越自己的权限，去"替代"上级的工作；上级也不能大包大揽，去"替代"下级的工作。因为这种行为的发生，不仅会给工作带来混乱，妨碍上级领导职能、下级工作主动性和积极性的发挥，还会影响上下级之间的关系。

被越位的领导可能会把下属的越位看成是对自己的不尊重，对自己权利的侵犯，因而，他可能会把下属视为有野心者，并对下属事事加以防范。如有机会，他还可能对下属加以制裁。

被越位的下属可能会认为领导看不起自己，认为自己的水平低做不好工作。因而，他会工作消极，没有积极性和主动性。

第二，避免独揽一切。诸葛亮为什么"出师未捷身先死"，就是他"独揽一切"的结果。累得过劳死了。

据《三国志·蜀书·诸葛亮传》记载，章武三年（公元223年）的春天，刘备病倒在白帝城的永安宫。他自知将不久于人世，就派遣使者前往成都，请丞相诸葛亮星夜前来永安宫，把太子刘禅托付给诸葛亮，希望诸葛亮能辅佐刘禅治国理政。

刘备的嘱托，让诸葛亮深感责任重大。他当时就跪拜在地上，对刘备说："望陛下好好安歇，修养身体，臣等一定全力效劳，辅助太子。"

诸葛亮还真的没有食言。刘备驾崩之后，他就全力效劳辅佐太子，还定了一个"罚二十以上皆亲览"的制度，事无巨细，一概由自己负责全权处理。

朋友们看着诸葛亮事必躬亲，日渐憔悴，就劝他说："治家之道，在于各司其职，如果凡事家主必躬亲，将形疲神困，终无一成。"

但诸葛亮没有接受这一劝告，而是对劝告他的人说："吾非不知，但受先帝托孤之重，唯恐他人不似我尽心也！"于是，他"寝不安席，食不甘味"，"夙夜忧叹"，结果，刚到54岁就去世了，留下了"出师未捷身先死"的遗恨。

其实，独揽一切，没什么好处，而坏处倒是多多。"独揽"是"越位"的孪生兄弟。"独揽",是什么事情都自己一手操持,不属于自己该管的事,也去插手管理;不该自己干的事,自己也去大包大揽。这实际上,就是越位了。结果,还会因为"独揽一切"而陷入事务主义的圈子,甚至成为"一言堂主"。

第三,避免种别人的地,荒自己的田。每一位国企干部在岗位上工作,都有自己的"一亩三分地",即岗位职责。坚定地担负起岗位责任,必须要清楚自己的岗位职责。该做什么,不该做什么,心里头要一清二楚。不能自己的地还没种好,却替别人去锄草。当然,这不是反对助人为乐。但这和助人为乐是两码事。

### (三) 把担当化为工作使命

古希腊神话中有这样一则故事:西西弗斯是天庭的一个小神,因为他在天庭犯了法,被天神罚到人世间受苦。

天神惩罚他的是:要推一块大石头上山。每一天,西西弗斯都费了很大的劲把那块石头推到山顶,然后回家休息。

可是,在他回家休息之后,石头又会自动地滚下来。就这样,周而复始,西西弗斯面临着"永无止境的失败"。

面对着这"永无止境的失败",西西弗斯不肯认输。他的信念是,推石头上山是我的责任。我要做的,就是要把石头推上山顶。这是我的使命。

后来,天神看惩罚不了西西弗斯,就赦免了他,把他召回了天庭。

一位坚定地担负起岗位责任的国企干部,他会有着西西弗斯的信念：担当责任就是自己的工作使命。国企干部如何把担当化为工作使命？

第一，用恭敬严肃的态度来对待自己的工作岗位，即敬业。敬业是做好本职工作的必要条件。敬业是一种对所从事的职业尽职尽责、一丝不苟的行为，是一种兢兢业业、埋头苦干、任劳任怨的强烈事业心和忘我精神。

敬业是坚定地担负起岗位责任的具体体现。在任何一种职业活动中，无论是谁都必然要与他人、与社会发生并保持着各种联系。由于这些联系，便形成了种种特定关系，又由这种种特定关系产生出诸多义务。凡与自己本职工作有关的义务就是职业义务。为保持并发展已形成的或将要建立的一系列联系、关系，就必须自觉地担负起对社会、对他人负有的使命、职责和任务。也就是说，必须自觉地履行应尽的职业责任，而敬业恰恰是国企干部承担岗位责任的具体体现。

国企干部承担了岗位责任，他就会在热爱自己本职工作的基础上，无论处在什么样的工作环境中，都能保持乐观向上的心理状态，以饱满、激昂的斗志，善始善终地完成所承担的任务；他就会在从事职业工作的过程中，不计较个人的利害得失，埋头苦干，真心实干，精益求精，呕心沥血，殚精竭虑。如此一来，他的工作就会做得更加出色，做得更为成功。

第二，以满腔的热忱来对待自己的工作岗位，即爱岗。任何职业才能都不是天生的，都是后天通过努力而得到的。热爱则是最好的老师。一个人只有真正热爱自己的工作岗位，才能主动、勤奋、自觉地学习本岗位工作所需要的各种知识、技能，才能花大气力去培养锻炼从事本岗位工作的本领，切实把本岗位的工作做好。国企干部的岗位责任心，也是来自于对本岗位工作的热爱的情感。只要是真正热爱自己从事的工作岗位，就能把智力、体力的劳动付出，看成是人生的一种乐趣而不仅仅是谋生的手段；就能满腔热情、朝气蓬勃地做好每一项属于自己的工作；就能在工作中焕发出极大的职业进取心，产生出源源不断的动力，全身心地、忘我地投入本岗位的工作，积极主动完成各项工作任务。那种抱着"干活吃饭，挣钱养家"的态度对待工作岗位的人，是不可能会有对本岗位工作那种热爱之情的，当然也谈不上持久的事业心和责任感的。热爱自己本岗位工作的人，在追求职业目标的过程中，当遇到挫折或失败，他们一定会以对事业炽热追求的精神，去克服困难、战胜险阻，摆脱困境，不懈奋斗。

国企干部作为党和国家在经济领域的执政骨干，不仅要坚定地担负起政治责任、改革责任、岗位责任，还要担负起社会责任。请大家牢记习近平总书记的要求："希望大家承担社会责任。我说过，企业既有经济责任、法律责任，也有社会责任、道德责任。任何企业存在于社会之中，都是社会的企业。社会是企业家施展才华的舞台。只有真诚回报社会、切实履行社会责任的企业家，才能真正得到社会认可，才是符合时代要求的企业家。"[①]

---

① 习近平：《在企业家座谈会上的讲话》（2020年7月21日），新华社北京7月21日电。

第六章

# 清正廉洁，
# 要求国企干部秉公用权不徇私情

明代思想家薛瑄曾将廉吏分为三个层次："见理明而不妄取者为上；尚名节而不苟取者次之；畏法律、保禄位而不敢取者再次之。"在薛瑄看来，廉洁分为三重境界："不妄取"、"不苟取"和"不敢取"。"不妄取"是最高境界。

怎样才能做到"不妄取"？薛瑄给出的答案是"见理明"，即对是非道理看得清楚明白，而不妄取财物。

清正廉洁是衡量国企干部优劣的一条重要标准。因此，一个人要做新时代最好的国企干部，就要想清楚是非道理，增强不想腐的自觉。

## 一、筑牢清正廉洁的思想基础

国企干部要做到清正廉洁，首先要解决思想认识问题，筑牢清正廉洁的思想基础，让自己不想腐。筑牢清正廉洁的思想基础，需要树立正确的价值观、权力观和幸福观。

### （一）树立正确的价值观

"价值观是一种处理事情判断对错、做选择时取舍的标准。"为什么同样的外在客观条件，同样的制度体制，有的国企干部清正廉洁，秉公用权，不徇私情，有的国企干部却贪污腐化，以权谋私，走向犯罪的道路？一个重要的原因，是价值观的差异。

价值观是人的一种内心尺度，对人生道路的选择具有重要的导向作用。一个人走什么样的人生道路，选择什么样的生活方式，选择什么样的工作态度，都是在一定的价值观的指导下进行的。换一句话讲，价值观决定人的价值取向，决定人实现价值的行为方式。所以习近平总书记在多个场合强调要求党的干部要树立正确的价值观。

第一，树立全心全意为人民服务的价值观。全心全意为人民服务是我党的根本宗旨，国企干部作为党组织中的一员，必须践行党的宗旨，把它作为人生的价值追求。

1956年11月17日，邓小平同志在接见国际青年代表团时，对他们提出的"中国共产党员的含义是什么"这一问题，作了这样的回答："中国共产党员的含义或任务，如果用概括的语言来说，只有两句话：全心全意为人民服务，一切以人民利益作为每一个党员的最高准绳。他的目的是实现社会主义、共产主义。"这两句话深刻地揭示了共产党人的人生价值观的核心。全心全意为人民服务，无论是过去，还是现在，抑或是未来，都是我们每一位国企干部的人生最高追求。

第二，树立奉献社会的价值观。奉献社会，是社会主义职业道德的特有规范。它要求从事各种职业的个人，努力多为社会作贡献，为社会整体长远的利益，不惜牺牲个人的利益。因此，它也是一种高尚的社会主义道德规范和要求。

人生的快乐是什么？不同价值观的人有着不同的答案。

有的人认为，人生的快乐就是享受，就是让别人为自己服务。于是，不劳而获，中饱私囊。利用手中的权力为自己的"快乐"添砖加瓦；利用人民给的地位让别人无偿为自己服务。

事实上，人生的快乐在于奉献。苏联著名教育家苏霍姆林斯基在《给儿子的信》中也说："什么是生活的最大乐趣？我认为，这种乐趣寓于与艺术相近的创造性的劳动之中，寓于高超的技艺之中。如果一个人热爱自己所从事的劳动，他一定会竭尽全力使其劳动过程或劳动成果充满美好的东西，生活的伟大、幸福就寓于这种劳动之中。"

的确，奉献社会不仅为社会做出了贡献，也充实了人的精神世界，这无疑是获取快乐的源泉。奉献者虽然苦了他一人，却快乐了千万家。在千万家快乐之中，他也同样从辛苦中体会到快乐，累并快乐着。

## （二）树立正确的权力观

美国经济学家、新制度学派的主要代表人物加尔布雷斯说过："很少有什么词汇像'权力'一样，几乎不要考虑它的意义，而又如此经常地被人们使用。"这句话把权力的流行程度和使用频率概括得非常到位。

的确,权力是人类社会生活中无处不在的一种复杂现象。对这种复杂现象,从古希腊的先哲到近现代的专家学者、领袖领导,都从不同角度对权力的来源、权力的使用、权力的制约、权力的监督等,进行过不懈的追问与探索,提出过许多精辟的见解和对策。

尽管这样,作为权力的使用者——领导干部这个"关键的少数",也并非是所有的人都对有关权力的直接或相关问题,有着清醒而正确的认识。也正是因为如此,领导干部队伍出现了滥用权力,以权谋私,以权寻租等不正常的现象。国企干部队伍也不例外。

这种不正常现象的存在,危害极大。早在古希腊时亚里士多德就说过:"群众对自己不担任公职,不一定感觉懊恼","但一听到公务人员正在侵蚀公款,他们就深恶痛绝。"① 国企干部要解决这种现象,必须树立正确的权力观。

我们每一位国企干部手中都掌握着一定的权力,有的甚至握有重权。但掌权者一定要明确,自己手中的权力不是私权,而是公权,是人民授予的。既然是公权,是人民授予的,就必须秉公用权,就应该用手中的权力为人民、为企业谋利益,而不能为自身或小团体谋福利。

宋代著名思想家朱熹曾经说过这样一段话:"官无大小,凡事只是一个公。若公时,做得来也精彩。便若小官,人也望风畏服。若不公,

---

① (古希腊)亚里士多德,吴寿彭译:《政治学》,商务印书馆1996年版,第269页。

便是宰相，做来做去，也只得个没下稍。"

在朱熹看来，不管官大官小，做事必须公平公正。做事公平公正，怎么做都精彩。即使是小官，人们也会望风畏服；如果用权不公，即使是作为宰相，使尽各种手段和伎俩，也不会有什么好结果。

朱熹的话说得真是非常有见地。一个公道正派、用权出以公心的官员，才能获得人民群众的信服。反之，他就会走向人民的反面，成为孤家寡人，甚至是成为人民的罪人。台湾的陈水扁就是如此。

陈水扁曾经是中国台湾地区的最高权力执掌者。但是，他自上台以来，就利用手中的权力来为他自己和他的家族谋取私利。以至于2006年5月23日他还在台上时，台湾的《经济日报》就发表了以"陈水扁下台吧，我们等不及了"为题的社论，提出"应当尽早把陈水扁赶下台去"。

社评说："他的诚信成为市井之间的笑柄，他已无法再承担人民的付托与崇高的地位；当他的抉择与举止，本身构成台湾向前发展的障碍，他所带领的团队，所作所为都与人民的期许背道而驰，不论于公抑于私，他已完全失去占据台湾之大位、运用人民的血汗钱与公权力的资格。"

社评认为，为了台湾人民的身家幸福，台湾人民有责任全力以赴，不畏任何艰难，收回他们的付托，强迫不能为人民谋福祉的"独夫"离开这个神圣的职位。

后来的事实是，陈水扁被台湾人民赶下了台，并成为阶下囚。

习近平总书记曾经说过："自古以来的历史说明，为官只有用权为公,才能得到人民的称赞和尊重,否则就会让群众不耻和诟病。每个官员都要以林则徐的'苟利国家生死以,岂因祸福避趋之'为座右铭。用权为公,守住公与私的分界线,绝不搞权力寻租、权钱交易。一定要践行党的宗旨,全心全意为人民服务。"① 国企干部应当牢记这段话,并践行之。

### (三)树立正确的幸福观

什么是幸福?不同世界观、价值观、人生观的人有不同的回答。道德高尚者的答案是:自己的责任和义务是为他人谋幸福,并为此而感到幸福快乐。正如马克思所言:"人们只有为同时代人的完美、为他们的幸福而工作,才能使自己也达到完美。""经验赞扬那些为大多数人带来幸福的人是最幸福的人。"这就是说,只有为人类的共同幸福作出贡献的人,才能获得最大的个人幸福。因为社会成员通过共同承担道德义务,助人为乐,创造出了安全和谐的社会环境,他个人的幸福就得到了保障。反之,他就会因为逃避社会责任和道德而受到惩罚。

人人都向往幸福,但追求幸福的方式却各不相同。有的人以拼命为自己攫取财富为幸福;有的人以竭力为自己获取高位为幸福;有的人以老婆孩子热炕头为幸福。而新时代最好的国企干部是以人民的幸福为自己的幸福。

所谓以人民的幸福为自己的幸福,是说国企干部诚心诚意地为人

---

① 《习近平:严以用权的十个要求》,转引自新华网,2015年8月11日。

民做事情，全心全意地为人民服务，给人民送去温暖。当人民幸福了，他就感觉到自己特别地幸福。郭明义就是这样的一位国企干部。

郭明义常说："给人温暖就是给自己幸福。每做一件好事，就有一股幸福感涌上心头，越做越有劲！"

这是郭明义的幸福观。这是一种以奉献人民为幸福的幸福观。正是有了这种幸福观，郭明义捐出工资总额的一半给希望工程，累计为身边工友、特困学生和灾区群众捐款12万多元，资助了180多名特困儿童，参加了54次捐献全血和捐献血小板，累计6万多毫升，相当于自身全部血量的10倍。

## 二、发扬艰苦奋斗的优良作风

在新中国成立前的淮海大战中，被俘的国民党将军黄维，心里不服气。他要求见刘、邓首长。当他看到刘、邓首长穿着和战士一样的黄布军衣，正和战士们在一个锅里吃饭时，他心悦诚服地说："我终于明白了，为什么全套美式装备的国民党，打不过装备落后的共产党，我们首先是输在作风和精神上了。"

黄维所说的"作风和精神"就是我党的艰苦奋斗的作风和精神。

国企干部要做到清正廉洁，必须牢记并发扬党的艰苦奋斗的优良作风和精神。

### （一）艰苦奋斗是我党的优良传统

艰苦奋斗是中华民族的传统美德，也是中国共产党的优良传统。

中国共产党自诞生之日起，就继承和发扬了中华民族艰苦奋斗的传统美德，并把它同党的性质、奋斗目标和根本宗旨紧密地结合起来，从而为传统美德注入了新的内容，使之发展到一个新境界，提高到一个新水平，形成了反映中国共产党本质特征的艰苦奋斗的优良传统和作风。

艰苦奋斗的优良传统和作风，是我党团结和领导人民实现民族复兴、国家富强的强大精神力量。正是依靠这种精神力量，我党历经近百年而始终保持着无产阶级政党的政治本色；正是依靠这种精神力量，我党历尽艰难困苦，饱受重重磨难而不坠革命之志，带领着全国人民在白色恐怖中开辟了革命根据地，完成了震惊世界的两万五千里长征，取得了抗日战争和解放战争的伟大胜利，建立了伟大的中华人民共和国。

大革命失败之后，中国革命进入了低潮。此时的中国共产党不仅面对着反革命力量的血腥屠杀，也面对着艰难困苦的生活局面。在严峻的生死考验面前，年青的中国共产党表现出了大无畏的精神，他们从地下爬起来，揩干净身上的血迹，掩埋好同伴们的尸首，又继续战斗了。

长征时期，红军所遭遇的艰难困苦更是世所罕见。但是，英勇的红军战士依靠着艰苦奋斗的精神力量，冲破了国民党军队的围追堵截，克服了雪山草地的自然险阻，忍受了饥寒伤病的折磨摧残，战胜了党内分裂的严重危机，胜利地完成了举世瞩目的两万五千里长征。

抗日战争进入相持阶段后，由于日本帝国主义的野蛮进攻，国民党顽固派的军事包围和经济封锁,再加上自然灾害的袭击,中国共产党领导的抗日根据地和敌后抗战,遇到了严重的困难。革命队伍几乎没有衣穿,没有饭吃。但是困难并没有吓倒共产党人。中共中央明确指出,人民抗战面临的困难是前进中的困难,是日益接近胜利的暂时困难;强调发扬革命精神,战胜困难,争取胜利。这种精神就是自力更生、艰苦奋斗的精神。我党还发出了"自己动手、丰衣足食、艰苦奋斗、克服困难"的号召,官兵一道开荒种地,纺线织布,终于以自力更生、艰苦奋斗的精神渡过了难关,夺取了抗日战争的最后胜利。

毛泽东同志曾经指出:"共产党有艰苦奋斗的作风,能够忍饥饿去打日本帝国主义。从前红军长征过草地的时候,有五十天没有饭吃,吃树皮,这只有共产党能做到,别人是做不到的。"[①]

在解放战争中,中国共产党也依然面临着严峻的艰难困苦局面。但中国共产党并没有在这些困难面前低头。她所领导的中国人民解放军硬是用小米加步枪,打败了用洋枪洋炮装备起来的国民党八百万军队。

中华人民共和国成立以后,我党继续发扬艰苦奋斗的革命精神,带领全国人民打退了资产阶级的猖狂进攻,战胜了三年自然灾害,在一张白纸上绘出了最新最美的图画:第一台"解放"开出了汽车制造厂,贫油的帽子扔进了太平洋;长江天堑变成了通途,腾空升起了"蘑菇云"……

---

① 毛泽东:《抗大三周年纪念》(1939年5月26日),《毛泽东文集》第2卷,人民出版社1993年版,第193页。

党的艰苦奋斗的优良传统在许许多多共产党人的身上闪光。"新时期铁人"王启民就是其中的一位代表。

1997年1月,大庆石油管理局勘探开发研究院院长、高级工程师王启民,获得了"铁人科技成就奖"金奖。这一金奖的获得,是王启民顽强拼搏、艰苦奋斗的结果。

为了向大庆油田的表外储层要资源,王启民带领试验组先后打了21口探井,结果,全部宣告失败。面对挫折,王启民没有气馁。他带领试验组继续拼搏。他白天和工人一起上井测试、作业,一口井一口井地搜集资料;晚上在帐篷中分析数据,画出地下油层的连通图。一次,一口井要下封隔器,可汽车由于下雨进不了井场,他和一位同事硬是走了好几公里路把封隔器背到现场。当他放下手中的封隔器时,因劳累和类风湿强直性脊椎炎发作,腰许久直不起来。经过52次封窜、堵水,终于使19口井都达到了正常产量。

王启民的拼搏给国家创造了巨大的经济效益:大庆油田新增储量7.4亿吨,按最低标准采出2亿吨,每吨1000元计算,可为国家增加2000多亿元财富。

2018年12月18日,党中央、国务院授予王启民同志改革先锋称号,颁授改革先锋奖章,并获评"科技兴油保稳产的大庆'新铁人'"。

我们从铁人王启明的身上,看到了国企干部艰苦奋斗,顽强拼搏的创业精神,看到了我们国企干部锲而不舍,敢于攻关的求实精神,看到了我们国企干部兢兢业业,克己奉公的奉献精神。这种精神是我们宝贵的精神财富。我们要全面建成小康社会,建设中国特色社会主义现代化强国，实现中华民族伟大复兴，必须继续发扬这种精神。

### （二）艰苦奋斗是腐败堕落的克星

"历览前贤国与家，成由勤俭败由奢。"这是历史经验教训的总结。艰苦奋斗是腐败堕落的克星，奢侈浪费是腐败堕落的根源。

千百年来，无数的事实证明，艰苦创业、勤俭节约，则国富民强；丢掉了艰苦奋斗的传统美德，贪图享乐，骄奢淫逸，搞铺张浪费，往小里说，能毁掉一个人的前程，毁掉一个家；往大里说，能使国家由强变弱，最终走向灭亡。翻开历史，这种悲剧无数地上演过。

一位名人说得好："享乐对于人生来说，是最危险的东西。虽然，它没有牙齿，但可以吃掉你的理想；它没有双脚，但可以勾引你走向歧途；它没有烟味，但可以熏黑你的灵魂；它没有砒霜，但可以毒害你的情操、意志和人格……享乐的生活犹如醋酸，能腐蚀灵魂的钙质，会使人坠入深渊。"

中国科协原党组成员陈刚就是如此。2019年7月11日，中央纪委国家监委网站通报了"中国科协原党组成员、书记处书记陈刚严重违纪违法被开除党籍和公职"的情况。

通报说："经查，陈刚政治上蜕变，丧失党性，毫无信仰，毫无敬畏，对党不忠诚不老实，搞两面派、做两面人，对抗组织审查，不如实说明问题，搞迷信活动；严重违反中央八项规定精神，利用职权建造供个人享乐的豪华私家园林，弄虚作假，违规多占住房，违规出入、独占私人会所，长年无偿占用酒店豪华套房，接受可能影响公正执行公务的旅游安排；经济上极度贪婪，长期利用规划审批的重要职权大肆敛财，为亲属经营活动谋取利益，大搞权钱交易，收受巨额贿赂；生活上极度腐化奢靡，道德败坏，肆无忌惮追求个人享乐，严重败坏党的形象。"

通报中所指出的，诸如"利用职权建造供个人享乐的豪华私家园林，弄虚作假，违规多占住房，违规出入、独占私人会所，长年无偿占用酒店豪华套房，接受可能影响公正执行公务的旅游安排"等问题，无不是与党的艰苦奋斗优良传统和作风背道而驰。陈刚也因此而走向了毁灭。

所以，邓小平同志谆谆告诫全党："艰苦奋斗是我们的传统，艰苦朴素的教育今后要抓紧，一直要抓六十至七十年。我们的国家越发展，越要抓艰苦创业。提倡艰苦创业精神，也有助于克服腐败现象。"

## （三）新时代对艰苦奋斗的新要求

也许有人会说，现在我们的生活水平提高了，社会财富也极大地丰富了，还提什么艰苦奋斗。

不错，我们的生活水平是提高了，我们的社会财富是丰富了，但即便如此，我们仍然不能忘记艰苦奋斗。因为在物质生活极大丰富的今天，提倡艰苦奋斗，并非是要人们为艰苦而艰苦，人人成为"苦行僧"，否定物质利益原则，而是要求人们不仅要做到生活节俭，还要发扬不畏艰难、奋力拼搏、克己奉公、甘于奉献的革命精神。

习近平总书记指出:"那种认为艰苦奋斗是老套、已经过时的看法是错误的、有害的。"

保持艰苦奋斗的优良传统和作风,要把握艰苦奋斗的时代内涵。这就是:不怕困难、百折不挠的坚强意志;艰苦朴素、勤俭节约的生活态度;自强不息、开拓进取的精神风貌。

艰苦奋斗的主旨和要义是为实现伟大目标而勇于克服各种困难,坚持不懈地顽强奋斗。

我们在实现中华民族伟大复兴的进程中,必然会遇到各种各样的困难。要克服各种困难,就需要我们继续发扬艰苦奋斗的精神,使艰苦奋斗精神真正成为凝聚人民群众共克时艰的无价之宝。

对于国企干部来说,保持和发扬艰苦奋斗的精神,在不同的方面有着不同的具体要求。

在政治上,要保持旺盛的伟大斗争精神,为实现共产主义的伟大目标而生命不止,奋斗不息;

在思想上,要自觉抵制剥削阶级腐朽思想的侵蚀,时刻注意防止任何特权思想的产生,始终不忘全心全意为人民服务的宗旨,与企业员工同甘苦共患难,同呼吸共命运;

在工作上,要勇挑重担,开拓进取,任劳任怨,艰苦创业,不畏艰辛,勇往直前;

在生活上,要勤俭节约、艰苦朴素,反对铺张浪费和奢靡生活。

## 三、守住清正廉洁的掌权底线

清正廉洁是一种政治信用。"民不服我能,而服我公;民不畏我严,而畏我廉"。要做新时代最好的国企干部,必须清正廉洁,守住掌权的底线。

### (一)忠诚履行公职

廉洁奉公,不徇私情,要求国企干部廉洁不贪,忠诚履行公职,一心为公,不借职权、职务之便而损公肥私。党的宗旨决定了国企干部必须自觉做到这一点,这也是遵守党的廉洁纪律的关键。

第一,非分之财不取。所谓"非分之财",是指"不是自己应得的钱财"。国企干部廉洁奉公,不徇私情,首先就要做到不是自己应得的钱财不要,不应该拿的钱财不拿。无产阶级革命家林伯渠同志为我们做出了很好的榜样。

长征途中,林伯渠同志担任没收征发委员会主任和总部供给部部长。

当时,他经手的财物非常多,但他却毫厘不沾,并提出了"约法三章":

一、一切缴获要归公;二、该分配给群众的,分配给群众,该分配给部队的,分配给部队,个人不能私拿、私分半点;三、不能吃土豪家里的东西,也不能在土豪家里煮东西吃。

林伯渠带头严格遵守"约法三章",不因自己是主任是部长而搞特殊化。

新中国成立后，林伯渠同志担任了中央人民政府秘书长。他依然保持着中国共产党人的优良传统，廉洁奉公，不取非分之财。

1958年10月，宁夏回族自治区成立，林伯渠代表党中央、中央人民政府赴银川祝贺。

为了对中央代表表示欢迎和感谢，宁夏有关部门专门用当地特产的羊毛加工了质量上乘的毛毯，赠送给代表们。

当漂亮的毛毯送到林伯渠面前时，他很是生气。他立即将宁夏回族自治区主席刘格平找来，严肃地对他说："不许送礼，这是中央的规定。我们要守纪律，给每位代表赠送的毛毯要马上收回。"后来，这些赠送的毛毯都被工作人员收了回去。

第二，非分之事不做。所谓"非分之事不做"，就是不符合要求的事情不做。作为国企干部，其一言一行都要符合党纪国法的要求。如果有背离党纪国法要求的事情，则坚决不能做。林伯渠同志不仅"非分之财"不取，非分之事也决不做。

林伯渠的故乡在湖南临澧县。1956年，临澧县有两位同志来看望他。林老热情地接待了他们，并同他们长谈，了解家乡的状况。然而，当他们提出想通过林老的关系买两辆汽车时，林老拒绝了他们的请求。

林老对他们解释说："汽车是国家计划分配的物质，不顾国家计划，乱批条子，这个权我不能用。请你们向乡亲们解释清楚。"

焦裕禄同志也是如此。焦裕禄的大哥在尉氏县乡下。一天，焦裕

第六章 | 清正廉洁，要求国企干部秉公用权不徇私情

禄的大嫂从尉氏县来到兰考，要焦裕禄在兰考给初中毕业的侄子安排个工作。听了大嫂的要求，焦裕禄摇了摇头，对大嫂说："不中。我是县委书记，县委书记怎么能违反国家政策呢！"大嫂见焦裕禄拒绝了自己的要求，很生气，说："俺这穷亲戚攀不上你这当大官儿的。"说罢，就头也不回地走了。

第三，非分要求不提。所谓"非分要求"，是指一些不正当、不合理的要求。比如，不能伸手向组织要权力、要荣誉、要地位等；不能利用手中的权力以权谋私，向他人索要钱财等。

在廉洁奉公，不徇私情上，老一辈无产阶级革命家给我们做出了很好的榜样。比如张闻天。

新中国成立初期，常有亲戚来找张闻天，希望能借他的权力找一个理想的工作。但张闻天对此一概是"热情接待，谢绝办理"。

张闻天的二女儿曾在外交部担任打字员。1955年，中央号召精简机构。当时张闻天在外交部担任第一副部长，他没有利用自己的职权将女儿留下，而是首先将自己的女儿精简了下来。

1972年，张闻天的侄孙女中学毕业了。有关方面安排她去当清洁工。她很不高兴，不想去上班。于是，她便给爷爷写信，希望爷爷能出面托人给她换一个工作。

张闻天收到信，很快便给她回了一封信。信中说："我没法可想，就是有办法也不会想的。分配去当清洁工，这是分工的不同。不要以为中学毕业生就不能去当清洁工。这个想法是不对的。现在教育普及了，青年都有了文化，如果大家都不愿意去当清洁工，那么，粪便就

无人处理，马路上的垃圾就无人打扫。这样下去，城市会变成什么样子呢？所以总得有一部分青年去做这项工作。人家的子女能做，我们的子女为什么不能做呢？不论是什么工作，只要是为人民服务的，就都是光荣的。"

侄孙女接到信的第二天，就心悦诚服地去上班了。她后来一直在环卫系统工作，仅粪车和垃圾车就开了7年。

张闻天虽然官居高位，但他的亲属没有一个受到过他的特殊关照。正如他所明确表示的："不要说我没什么后门，就是有后门我也不开。"就是因为他不开"后门"，他的大女儿一直在家乡务农。

## （二）慎独慎初慎微

2014年3月18日，习近平总书记在听取兰考县教育实践活动情况汇报时发表了重要讲话。他在讲话中要求党员干部，要"对一切腐蚀诱惑保持高度警惕，慎独慎初慎微，做到防微杜渐"。

第一，慎独，就是独处时要谨慎，即自律。东汉时有个著名的清廉官员名叫杨震。一次，他前往东莱郡就任太守一职时，路经昌邑城。此时，先前被他举荐过的荆州茂才王密，正在昌邑做县令。王密听说杨震来到自己的地界，便前去拜访，两人谈到深夜。

王密告辞时，拿出怀揣的10斤黄金准备送给杨震。并对杨震说："夜晚没有人知道。"听了王密的话，杨震严肃地说："天知，神知，你知，我知，怎么说没有谁知道！"王密羞愧地拿着黄金退出去了。

后来，杨震转任涿州太守，子孙常蔬食步行，有人劝杨震置些家产,他却说:"使后世称为清白吏子孙,以此遗之,不亦厚乎?"

杨震为什么能够清廉?答案很简单,就是他能够恪守"慎独"的美德。"不畏人知畏己知。"

一般说来,在众人的眼皮子底下,在组织和领导的监督之下每个人都较能注意自己的言行,注意自己的修养。但在"无人监督之处",却容易放松自己的要求,甚至做一些为人所不齿的事。这是国企干部自我修养之大忌。

2014年5月8日,习近平总书记在同中央办公厅各单位班子成员和干部职工代表座谈时的讲话中指出:"一个人能否廉洁自律,最大的诱惑是自己,最难战胜的敌人也是自己。一个人战胜不了自己,制度设计得再缜密,也会'法令滋彰,盗贼多有'。希望同志们,'吾日三省吾身',做到严以修身、严以用权、严以律己,谋事要实、创业要实、做人要实。古人讲:'君子为政之道,以修身为本。'中国传统文化历来把自律看作做人、做事、做官的基础和根本。《论语》中就说,要'修己以敬'、'修己以安人'、'修己以安百姓'。古人所推崇的修身齐家、治国平天下,修身是第一位的。我们共产党人更应该强化自我修炼、自我约束、自我塑造,在廉洁自律上作出表率。"

习近平总书记的这段话为国企干部廉洁自律提供了重要的路径。

第二,慎初,就是初始时要谨慎,要守住第一道防线。明朝人张瀚在他所撰写的《松窗梦雨》中,讲过这样一个故事:张瀚初任右副都御史时,前去参见左都御史王廷相。王廷相给他讲了一则"乘轿见闻":

我昨天乘轿进城，途中遇雨。有个轿夫穿着一双新鞋。开始时，他"择地而蹈"，害怕泥水弄脏了新鞋。后来，他不小心踏进了泥坑，于是，就"不复顾惜"了。

讲完这段见闻之后，王廷相感慨地说："居身之道，亦犹是耳，倘一失足，将无所不至矣！"

张瀚说，他"退而佩服公言，终身不敢忘"。

很显然，王廷相是想用这个故事告诉张瀚，要"慎初"，否则，一失足就会滑向罪恶的深渊。

这个故事告诉对我们当代的国企干部：一定要"守住第一道防线"。不慎而始，必祸其终。万事皆有初。守不住第一道防线，将会毁其终生。贪官落马无不与最初的不慎有着直接的关系。正如北宋理学家、教育家程颐所说："一念之欲不能制，而祸流于滔天。"

第三，慎微，就是小节处要谨慎。"勿以善小而不为，勿以恶小而为之。"这句话是三国时期蜀汉开国皇帝刘备临终前给他的长子，也是皇位的继承者刘禅的遗言。

刘备用这句话告诉他的儿子刘禅为官做人的道理：不要因为好事小而不做，不要因为坏事小而去做。

刘备的这两句话，可谓是至理名言。集腋成裘，聚沙成丘。小善积多了，也能成为利天下的大善；而小恶做多了，也能成为毁天下的大恶。

国企干部需要时常想一想这两句话。"勿以善小而不为，勿以恶小而为之。"

事实上，变质腐败的国企干部，也并非一开始就是腐败透顶，往往是逐步积累而成。

北齐思想家刘昼说："尺蚓穿堤，能漂一邑；寸烟继突，改灰千室。"小小的蚯蚓，能穿透河堤，于是，决堤的河水能淹没一邑；从烟囱里发散出来的丝丝烟尘，久而久之，就能把成百上千洁净的房屋污染。

古人云："道自微而生，祸是微而成。"这句话的意思是说，凡事积微成著，细节决定成败。成就大业，必须从做好细微的小事入手；祸患的发生，常常是由于一些细小的失误积累而造成。

由此而言，国企干部崇尚廉洁，拒绝腐败，清白做人，干净做事，也需要重视和正确处置细微、细小的事情，把细节放到全局之中加以把握，真正做到见微知著、防微杜渐。

《淮南子·缪称》云："积羽沉舟，群轻折轴，故君子禁于微。"羽毛很轻，但堆积起来，可以把船压沉；一群体重很轻的人，会把车轴压断，所以，有修养的人严于律己都从细微的小事防范做起。

兰考历史上有个著名的清官叫张伯行。他在福建巡抚任上，为了谢绝各方馈赠，特地撰写了一篇《却赠檄文》张贴于居所院门及巡抚衙门。其中说道："一丝一粒，我之名节；一厘一毫，民之脂膏。宽一分，民受赐不止一分；取一文，我为人不值一文。谁云交际之常，廉耻实伤；倘非不义之财，此物何来？"

这则《却赠檄文》言简意赅，清廉拒腐，廉耻分明，让人敬佩。

## （三）保持清醒头脑

现在的世界，有种种物质诱惑。权力的诱惑、金钱的诱惑、美女的诱惑，不一而足。国企干部稍不留意，就会在这些诱惑面前落马，走上不归之路。所以，作为国企干部，一定要保持清醒的头脑，谨慎行之。

第一，面对诱惑要清醒。《韩非子·外储说右下》中，记载了这样一则故事：战国时，鲁国的丞相公仪休爱好吃鱼。于是，鲁国的人争相购买鱼送给他。但是，公仪休却从来不接受任何人的馈赠。

他弟弟奇怪地问："您喜欢吃鱼，为什么人家给您送鱼您却不接受呢？"

公仪休回答说："正因为我喜欢吃鱼，我才不接受。我如果接受了别人送的鱼，就要看人的脸色行事。看人的脸色行事，将会徇私舞弊，贪赃枉法。徇私舞弊，贪赃枉法，相位就会被罢免。相位被罢免，他们就不会再给我送鱼，我也不能再有俸禄买到鱼。如果我不接受别人送的鱼，我就不会被免职，即使我爱吃鱼，我也能用俸禄买鱼。"

（原文：公仪休相鲁而嗜鱼，一国尽争买鱼而献之，公仪子不受。其弟谏曰："夫子嗜鱼而不受者，何也？"对曰："夫唯嗜鱼，故不受也。夫即受鱼，必有下人之色；有下人之色，将枉于法；枉于法，则免于相。虽嗜鱼，此不必致我鱼，我又不能自给鱼。即无受鱼而不免于相，虽嗜鱼，我能长自给鱼。"《韩非子外储·外储说右下》）

读罢这则故事，我很感叹。感叹这位古代封建官吏的清醒。他深知，如果抵不住眼前的诱惑，便会失掉未来的幸福。所以，他从来不接受任何人的馈赠。

1954年2月，陈毅同志写下了《七古·手莫伸》一诗。诗中写道：

岂不爱权位，权位高高耸山岳。

岂不爱粉黛，爱河饮尽犹饥渴。

岂不爱推戴，颂歌盈耳神仙乐。

第一想到不忘本，来自人民莫作恶。

第二想到党培养，无党岂能有所作？

第三想到衣食住，若无人民岂能活？

……

陈毅同志并不否认权力、美色、颂歌对人的诱惑，关键是面对诱惑怎么办？陈毅给出了三个办法：想到不忘本，来自人民莫作恶；想到党培养，无党岂能有所作；想到衣食住，若无人民岂能活。

有这样一个寓言故事：一群猩猩特别爱好喝酒，喜欢穿木屐学人走路。猎人掌握了这个习性之后，就在树林间摆上了美酒和木屐，"恭候"猩猩。

猩猩见了，互相告诫说：这是引诱我，不要上当。后来，它们想了想，说，少尝点，别多喝。但一试其味，就一发不可收。最后酩酊大醉，全被猎人抓获了。

陈毅的诗和这个故事都值得国企干部深思。

第二，面对欲望要清醒。欲望，是指想得到某种东西或达到某种目的的要求。人生是有欲望的，欲望是人类的本能。但要知道，欲望是一把双刃剑。欲望能成就人，也能摧毁人。国企干部要守住个人清正廉洁的掌权底线，需要给自己的人生欲望设置一个边界。

欲望虽然对创造世界文明，推动人的进步、成长和成才，起着巨大的内驱作用，但欲望是有边界的。逾越了欲望的边界，欲望变成了贪欲，贪欲就会毁掉一个人，甚至毁灭世界。

圣雄甘地说过这样一句话："地球能满足人类的需求，但地球不能满足人类的贪欲。"

贪欲，是无止境的欲望。有句成语，叫"欲壑难填"，指的就是贪欲。

人类的"欲望"一旦变成"贪欲"，就会让地球难以承受；人的"欲望"一旦变成"贪欲"，就会让他人无法接受。

有欲望是正常的，但"欲望"变成了"贪欲"，则是异常的。异常，就脱离了正轨，脱离了正轨，就是脱离了正道。一个脱离了正道的人，迟早会被毁灭掉。

明代朱载堉（1536—约1610年）的《山坡羊·十不足》就把人的贪欲以及结果描绘得淋漓尽致：

终日奔忙只为饥，才得有食又思衣。

置下绫罗身上穿，抬头又嫌房屋低。

# 第六章 清正廉洁，要求国企干部秉公用权不徇私情

盖下高楼并大厦，床前却少美貌妻。

娇妻美妾都娶下，又虑出门没马骑。

将钱买下高头马，马前马后少跟随。

家人招下数十个，有钱没势被人欺。

一铨铨到知县位，又说官小势位卑。

一攀攀到阁老位，每日思想要登基。

一日南面坐天下，又想神仙来下棋。

洞宾与他把棋下，又问哪是上天梯。

上天梯子未坐下，阎王发牌鬼来催。

若非此人大限到，上到天上还嫌低。

《十不足》是朱载堉写的散曲集《醒世词》中的一首。字里行间让我们看到的是一个"欲望无止境"的贪婪者。这让我想起了一句俗语："人心不足蛇吞象"。

其实，古时有人如此，现代有人更甚。"坐着奥迪想宾利，当了局长思部长；住着楼房盼别墅，有钱百万欲上亿；喝着茅台思拉菲，拥着娇妻盯美女。"

欲壑难填、贪来贪去的结果，会把自己送上一条不归路。这种欲壑难填者还真是不少。

2020年6月23日《晨财经》报道，安徽农信系统一个月就有六名高管落马。

人生来就有欲望。目欲视、耳欲听、脚欲走、嘴欲吃……这些欲

望都是正当的、必要的。

一个人正是因为有了这些正当的、必要的欲望，才有健康、健全的人生，才有幸福、快乐的人生。

但是，这种正当的、必要的欲望也是需要有节制的。目欲视，也不是什么都能看；耳欲听，也不是什么都能听；脚欲走，也不是什么地方都能走；嘴欲吃，也不是什么饭都能吃。如果看了不该看的东西，如淫秽视频；去了不该去的地方，如色情场所、赌博场所，就会摊上大事了。

有个人向上帝请求拥有一块自己的土地。上帝对他说："清早，你从这里往外跑，跑一段就插个旗杆，只要你在太阳落山前赶回来，插上旗杆的土地都归你。"

那个人拼命地跑，太阳偏西了还再跑。太阳落山之前，他停下了，但已精疲力竭，摔个跟头就再也没起来。

有人挖了个坑，就地掩埋了他。牧师在给这个人做祈祷的时候说："一个人要多少土地呢？就这么大。"

大家看看，有没有道理？你有千米别墅，还是睡一张床；你有百辆豪车，一次也只能坐一辆。

第三，面对兴趣要清醒。每个人都有自己的兴趣爱好，国企干部也不会例外。其实，许多伟人、名人都有兴趣爱好。有人喜欢打桥牌，如改革开放的总设计师邓小平；有人喜欢集邮，如美国前总统罗斯福；有人喜欢篆刻，如李岚清。

但领导干部，也包括国企干部的兴趣爱好，相对于一般人的兴趣爱好来讲，有着很大的不同。

一般人的兴趣爱好，可能就是生活中的小情趣，业余时间的小调剂。但干部身份的特殊性，决定着其兴趣爱好并不是个人的小事、私事。

国企干部的兴趣爱好事关企业的风气。"上有所好，下必甚焉"，"楚王好细腰，宫中多饿死"，说的就是干部的兴趣爱好对民风的导向作用。

事实也是如此。如果一个国企干部的兴趣是游山玩水，他的身边就会有"徐霞客"；如果一个国企干部的爱好是以饮酒为乐，他的下属就多有"李白"。

国企干部的兴趣爱好事关形象。一个人的兴趣爱好，其实就是他内在素质的一种外在反映。一个终日迷恋于声色犬马、灯红酒绿的国企干部，肯定不会有好的形象。

国企干部的兴趣爱好事关廉洁。赖昌星说过这样一段话："不怕领导干部不受贿，就怕领导干部没有兴趣爱好。只要他有兴趣爱好，他就会被我攥在手心里。"结果，许多干部就被他攥到了手心里。

这样说也并非是说国企干部不能有兴趣爱好。而是说，国企干部要有健康的兴趣爱好，而且即使是健康的兴趣爱好，也最好不要外漏张扬。

如果外漏张扬了，就会有人投其所好，最后，把你"攥到手心里"。如何做才合适呢？提点建议，供大家思考：

要培养好的兴趣爱好，不要有不良的嗜好。打桥牌、集邮、篆刻等，都是好的兴趣爱好。它可以训练头脑，缓解压力，陶冶情操。邓小平同志就说过："唯独打桥牌的时候，我才什么都不想，专注在牌上，头脑能充分地休息。"

"黄、赌、毒"等是法律严令禁止的活动，千万不要沾染。谁沾染了这种嗜好，谁就走上了不归路。如沈阳市原常务副市长马向东，就是因为沾染了赌博的不良嗜好而走进地狱之门的。

马向东曾经自我剖析说："每到香港洽谈项目时，我大多都借机去澳门参与赌博。在马来西亚、韩国等开展招商引资活动中，我也悄悄跑到当地赌场碰碰运气。开始是用个人的钱去玩，1998年3月，下属干部从别人手中借来巨资参赌，我得知后，非但没有坚决制止，反而也多次在赌场接受下属干部给的一些筹码去参赌。"

经有关部门查实，从1996年8月至1999年2月，马向东与李经芳、宁先杰等人，先后17次私自到澳门赌博，其中有5次是马向东在中央党校学习期间，以种种借口私自去港澳赌博的。

马向东的教训告诉国企干部，不良的嗜好绝对不能沾染，这是底线。

即使是有好的兴趣爱好，也要能够有效地节制。如果不能有效地节制，适度把握，就会沉溺其中，不能自拔，最后导致正事被贻误，甚至被人所利用。所以，明太祖朱元璋告诫他的大臣们："人君一生当谨嗜好，不为物诱，则如明镜止水，可以鉴明万物。一为物诱，则如明镜受垢，水之有滓，昏翳混浊，岂能照物？"

在朱元璋看来，不管是当臣子的，还是做国君的，都应当小心自己的嗜好。不为财物所诱惑,就像明亮的镜子平静的水面,可以鉴明万物。一旦为财物所诱惑,就像镜子有污垢,水面有渣滓,昏翳混浊,岂能照见万物?

当然,朱元璋并非全盘否定嗜好。他又说:"人亦岂能无好,但在所当好耳。如人主好贤,则在位无不肖之人;好直,则左右无陷佞之士。如此,则国无不治。苟好不当好,则正直疏而邪佞进,欲国不乱,难矣。故嗜好之间,治乱所由生也。"

朱元璋看问题还是很全面的。他认为,人不能没有嗜好,只是要有好的嗜好。比如,君王嗜好贤能之人,则在位的人没有不肖之人;君王嗜好正直的人,则身边就没有陷佞之士。这样一来,治理国家没有治理不好的。如果沾染了不良的嗜好,则会疏远正直贤良的人才,而那些邪佞不肖之人就会得到重用。如是这样,想要国家不乱,那是很难的事。所以,国家乱与治,就在君主的嗜好之间。

朱元璋从治国的高度来分析"为物所诱"以及嗜好的好与坏。其所言的确是真知灼见。这种真知灼见是历史经验教训的总结与反思。比如,南唐后主李煜,沉溺于吟诗作词之中,"为高谈,不恤政事",最终误国身亡。

历史是一面镜子。这面镜子告诉国企干部,领导者的嗜好关系到国家的兴亡、企业的兴衰、自身的得失。所以,为国家计,为企业计、为自身计,都要严防不良的嗜好,即使是良好的嗜好,也要能够有节制,不能顺其自然,让其膨胀无度。

### 第七章

# 扩大格局，
# 在爱国诚信等方面不断提升自己

2020年7月21日下午，习近平总书记在北京主持召开企业家座谈会并发表重要讲话。他在讲话中强调指出："改革开放以来，一大批有胆识、勇创新的企业家茁壮成长，形成了具有鲜明时代特征、民族特色、世界水准的中国企业家队伍。企业家要带领企业战胜当前的困难，走向更辉煌的未来，就要在爱国、创新、诚信、社会责任和国际视野等方面不断提升自己，努力成为新时代构建新发展格局、建设现代化经济体系、推动高质量发展的生力军。"习近平总书记的这段话为怎样做新时代最好的国企干部指明了正确的路径。

## 一、提升爱国奋斗强大力量

爱国，是社会主义核心价值观的重要内容。它是一种最崇高的道德情感，是道德规范中最神圣的要求。爱国主义是中华民族的民族心、民族魂，是中华民族最重要的精神财富。一个人要成为新时代最好的国企干部,必须提升爱国奋斗的强大力量。国企干部有了这种力量,才能不懈地推动企业的发展壮大,为实现中华民族伟大复兴而坚定不移地奋斗。

### (一)爱祖国是中华民族传统的美好道德

列宁曾经说过:"爱国主义就是千百年来巩固起来的对自己祖国的一种最深厚的感情。"中华民族自古以来就有爱国的传统。

他们"常思奋不顾身,而殉国家之急"。(司马迁:《报任少卿书》)

他们"位卑未敢忘忧国,事定犹须待阖棺"。(陆游:《病起书怀》)

他们"苟利国家生死以,岂因祸福避趋之!"(林则徐:《赴戍登程口占示家人》)

这些爱国者常常想着在国家危难的时候,自己能为了国家的利益而奋不顾身;他们即使职位低微,却从来不敢忘记忧虑国家的事情;他们只要对国家有利,即使牺牲自己的生命也在所不惜,绝不会因为有福祉就追求,有祸患就避开。拳拳爱国赤诚之心跃然纸上。

爱国,是人们对祖国山川物产、疆土资源、优秀历史传统和绚丽文化艺术的无限珍爱;是对祖国尊严、荣誉、利益和命运的深切关注;是对祖国经济、科学、文化健康发展的由衷渴望;是对外来侵略的刻骨痛恨和坚决反抗;是愿为祖国的独立、统一、繁荣、富强而勇于献身的奉献精神。

爱国,是高于一切的美德。正如徐特立先生所说:"人民不仅有权爱国,而且爱国是个义务,是一种光荣。"一个人可以失去金钱,可以失去事业，可以失去家庭，甚至可以失去生命，但唯独不可以失去祖国。

## （二）爱祖国是实现中国梦强大精神力量

2012年11月29日，新一届中央领导集体在国家博物馆参观《复兴之路》展览时，习近平总书记提出了实现中华民族伟大复兴的中国梦。实现中华民族伟大复兴的中国梦，就是要实现国家富强、民族振兴、人民幸福。

如何实现中国梦？习近平总书记解读说："实现中国梦必须弘扬中国精神。这就是以爱国主义为核心的民族精神，以改革创新为核心的时代精神。"

千百年来的历史实践证明，爱国主义始终是把中华民族紧密团结在一起的凝聚力量，是中国人民和中华民族维护民族独立和民族尊严的强大精神动力。实现中国梦，必须要弘扬这种伟大的民族精神。有了这种精神，中华民族就能共抵外侮，共克时艰，自强不息，不懈奋斗，就会形成推动中国梦实现的强大精神力量。

## （三）树立祖国尊严神圣不可侵犯的观念

国企干部爱国，必须提高民族自尊心、自信心和民族自豪感，维护祖国的尊严和统一，树立"祖国的尊严神圣不可侵犯"的观念。

民族自尊心和民族自豪感是中华民族永不衰竭的精神动力，是中华民族自立于世界民族之林的信心。正如邓小平同志所说："像我们这样第三世界的发展中国家,没有民族自尊心,不珍惜自己民族的独立,国家是立不起来的。"古人云:"人先自侮,然后人侮之。"这是千百年来用鲜血和生命换来的经验。

国企干部树立"祖国尊严神圣不可侵犯"的观念,就要全面地认识祖国的历史和现状,增强心中的祖国意识。

我们中华民族有过辉煌灿烂的历史,也有过苦难深重的过去,特别是1840年以后,由于西方列强的入侵,中国逐渐成为半殖民地半封建社会,中国人民受到帝国主义、封建主义的双重压迫。民族危机和社会危机空前深重。但在中国共产党的领导下,我们完成了新民主主义革命任务,实现了民族独立和人民解放。经过北伐战争、土地革命战争、抗日战争和解放战争,打败了日本军国主义的侵略,推翻了国民党反动统治,建立了中华人民共和国。中国人民从此站立起来了,中华民族的发展从此开启了新的历史纪元。

改革开放以来,中国共产党团结带领全国各族人民不懈奋斗,"推动我国经济实力、科技实力、国防实力、综合国力进入世界前列,推动我国国际地位实现前所未有的提升,党的面貌、国家的面貌、人民的面貌、军队的面貌、中华民族的面貌发生了前所未有的变化,中华民族正以崭新姿态屹立于世界的东方"[①]。实现了从站起来、富起来到强起来的伟大飞跃。今天,我们中华民族已经屹立在世界的东方,这是值得我们自豪、自信的。

---

① 习近平:《决胜全面建成小康社会 夺取新时代中国特色社会主义伟大胜利——在中国共产党第十九次全国代表大会上的报告》,人民出版社,2017年。

全面而深刻地认识了祖国的历史和现状，国企干部就会增强心中的祖国意识，有了强烈的祖国意识，就能时时处处感受到祖国的存在，时时处处想到为祖国奉献，时时处处注意维护祖国的尊严，时时处处注意维护祖国的统一。

当然，真正的爱国不能停留在理论上和口头上，要体现在为祖国建设添砖加瓦，为中国人民谋福利、为中华民族谋复兴的行动上。这就是说要将爱国之心化为爱国之力。化为爱国之力，就要求每一位真正爱国的国企干部无论是在工作还是在生活中，都能够自觉遵守国家法律，自觉维护国家的利益，并以祖国的利益为最高利益，在祖国需要自己的时候，能够义无反顾地挺身而出。

## 二、培养诚实守信道德品行

诚实守信是中华民族的传统美德。诚信不仅具有教育功能、激励功能和评价功能，而且具有约束功能、规范功能和调节功能。就个人而言，诚信是个体道德的基石；就企业来说，诚信是宝贵的无形资产。

### （一）诚信决定企业的兴衰成败

随着市场经济的迅猛发展，企业间的竞争越来越趋激烈。企业要想在市场经济的激烈竞争中立于不败之地，必须遵守诚信的市场规则。诚信决定着企业的兴衰成败。

第一，诚信是企业的生命所在。拥有诚信，企业才会树立良好的形象，才能得到消费者的信任，也才能在商海中占有一席之地。失去诚信，小到一个摊铺，大到一家企业，都很难生存下去。这已为事实所证明。南京冠生园的颓然倒塌，就是如此。

提起南京冠生园，别说是南京的老百姓，就是北京、东京的人也不陌生。曾几何时，人们以能吃上南京冠生园的食品为自豪。

2002年2月4日，因"陈馅月饼"事件在全国掀起轩然大波的南京冠生园，以"经营不善，管理混乱，资不抵债"为由向南京市中级人民法院申请破产。

这家有着70年历史的知名企业，颓然倒塌，令人伤感。痛惜之余，人们纷纷对它的破产进行评说。

有人认为，南京冠生园破产是媒体曝光的结果，否则，一个好端端的老牌企业决不会颓然倒塌。

但绝大多数人认为，南京冠生园破产是企业自身丧失信誉的必然结果，是咎由自取。

多年里一直冲着冠生园这个老字号购买月饼的杨先生至今仍感到气愤："像这样把信誉当儿戏，不把消费者放在心里的店家，无论是老字号还是新店面，终究要完蛋。"

作为同行的南京桃源食品厂厂长孙学钰说，表面看来，"南冠"垮于媒体的曝光，而根子上是企业本身失去了起码的"诚信"，不重视产品质量，只想着获取不法利润，结果既害了消费者，又害了自己。

"南京冠生园的破产其实是信誉破产。"南京经济学院工商管理系副教授戴庆华一针见血地指出，"媒体曝光只是导火索，并非因果关系，而其信誉缺失迟早会出现这种结局。南京冠生园以牺牲信誉为代价攫取利益，无异于杀鸡取卵式的自杀行为。"[1]

真是众说纷纭。那么南京冠生园破产到底是谁之过呢？让南京冠生园用自己的行为来给出答案吧！

2001年中秋节前，南京冠生园用陈馅翻炒后再制成月饼出售。该行为被中央电视台曝了光。

被媒体披露曝光后，一时民众哗然，各界齐声痛斥这种无信之举。南京冠生园的月饼顿时无人问津，很快被各地的商家撤下了柜台。许多商家甚至向消费者承诺：已经售出的冠生园月饼无条件退货。

面对危机，南京冠生园还是没有表现出应有的诚信。他们先是辩解称这种做法在行业内"非常普遍"，绝不是我冠生园一家；在卫生管理法规上，对月饼有保质期的要求，但对馅料并没有时间要求。言外之意是用陈馅来做新月饼并不违规。

随后，他们又匆忙发出了一份公开信，继续进行狡辩，而自始至终不向消费者作任何道歉。他们的所作所为不仅令消费者更加寒心，也进一步将自身信誉丧失殆尽。

信誉的缺失使多年来一直以月饼为主要产品的南京冠生园被逐出了月饼市场。

看了南京冠生园的所作所为，我们不难给出答案。南京冠生园的破产，是企业自身丧失信誉的必然结果，是他们自己扼杀了自己。

---

[1] 陈琪：《南京冠生园：信誉的破产》，新华网，2002年3月22日。

一家具有70年历史的知名老字号企业倒下了，留下了深长的思考：

信誉是一个企业精神财富和生命所在；企业失去信誉，纵然一时得利，日后也必将吞下苦果。企业要生存和发展必当用心地守护信誉。诚信，是市场经济发展之本；欺诈，是导致企业衰败的毒瘤。

第二，诚信是企业最强的竞争力。"生意兴隆通四海，财源茂盛达三江"，这是几乎所有的商家都很喜欢的一副对联。

的确，作为在商海的搏击者，谁不希望自己的生意红红火火，分店落户扎根全球，客户遍布海角天涯；谁不希望自己的生意财源滚滚，日进斗金，月入万银。但如何实现这一愿望，却历来有着两种不同的选择。一是靠投机；一是靠诚信。

事实证明，投机致富者，不能久远；只有诚实，才能立于不败之地。正如美国前总统林肯所言："你可以一时欺骗所有的人，也可以永远欺骗一些人，但不能永远欺骗所有的人。"

在市场经济条件下，诚信不仅是立身之本，也是生存之道。不讲诚信的人，无异于自己砸自己的"饭碗"，自己拆自己的"舞台"，自己断自己的生路！

事实上，这道理早就为人所知。古时候陕西有位商人樊现便说："贸易之际，人以欺为计，予以不欺为计，故吾日益而彼日损。"

在企业管理经营教学活动中，讲师们常讲一个经典案例。这个案例更生动地说明了诚信是企业最强的竞争力的事实。

一天，一位名叫基泰斯的美国女记者在日本东京奥达克百货公司购买了一台电唱机，准备作为见面礼送给在东京的婆婆。

奥达克百货公司的售货员彬彬有礼地为她精心挑选了一台半启封的电唱机，基泰斯高兴地把它带回了住所。

可是，当基泰斯开机试用时，她却发现电唱机没有装内件，根本没有办法使用。基泰斯非常恼火，准备第二天去找奥达克百货公司理论，并立即动手写了一篇题为《笑脸背后的真面目》的新闻稿，传真到了她所供职的报社。

谁知，第二天清晨，一辆汽车开到了她的住处。从车上下来的是奥达克百货公司的副经理和一位拎着大皮箱的职员。他俩一见基泰斯就俯首鞠躬，表示歉意。基泰斯很惊讶，不知道他们是怎样找到她的住所的。

那位经理讲述了大致的经过。原来，在卖出货物的当天下午，他在清查商品时，发现错将一个空心的货样卖给了一位顾客。因为此事事关重大，他迅速召集全体公关人员商议，寻求办法。可以说是费尽周折，总算从顾客留下的一张美国某报的名片里发现了线索。

通过这一线索，他们打了35次越洋电话，最终从美国纽约得到了顾客东京婆婆家的电话号码，找到了顾客的住所。

经理讲完经过，亲手将一台完好的电唱机外加一张唱片、一盒蛋糕奉上。

奥达克百货公司所做的这一切深深地打动了基泰斯。她立即打越洋电话给美国报社，告知报社，昨天的传真稿件停发，她又有新的重要稿件发出。随后，她马上赶写了一篇《35次紧急电话》的新闻稿。

报社接到稿件，考虑到基泰斯两篇稿件的视点不同，便配上编者按，将两篇稿件全部刊发了。

基泰斯回国后，将刊发的稿件寄给了奥达克百货公司。奥达克百货公司把这两份稿件给了日本某报。

随后，日本的几家报纸都争相转发了这两份稿件。从此，奥达克百货公司的声誉大大提高，经营活动也越来越好。

第三，诚信是企业重要的生产力。一个企业的发展需要人力、设备、原材料、生产技术、环境、资金、能源、信息等多种资源。诚信虽然不像人力、设备、原材料等看得见，摸得着，但却是最重要的"资源"，最重要的生产力。

2003年初，在四川宜宾五粮液集团公司办公大厦的左侧，落成了一座"诚信碑"。

该"诚信碑"为深红兼金黄色。其正面刻有"诚信——立企之基"几个金黄色大字；其左侧，刻有五粮液集团的"诚信誓言"："保护诚信资源；培育诚实守信品德；努力建设公司诚信体系"；其右侧刻有五粮液集团归纳的"诚信之敌"："形式主义、假冒伪劣、欺骗欺诈、歪门邪道、滥用权力"。

"诚信碑"上的文字，既是对五粮液集团近百年来管理经营经验的总结，也是对五粮液集团未来以"诚信立企"理念的固化和倡导。

五粮液集团为什么能成为"中国酒业大王"？诚信具有不可磨灭之功。

五粮液的发展史，不仅是一部不断开拓创新、自我完善的奋斗史，也是一部诚信生产经营的历史。下面的故事可见五粮液集团诚信管理经营之一斑：

2001年1月，一批五粮液外包装纸箱运进了工厂。质检人员经检查发现，这批外包装纸箱与标准封样有一点轻微的色差。于是，要求退货。

外包装纸箱生产供应商认为色差轻微，不影响内在质量，凭肉眼一般看不出色差，请求放宽标准。

封样人员也认为可以放宽一点。于是，更改了封样标准（按规定，封样人员可以更改这些轻微标准，但要按程序报告）。

后来，这件事情被质量监管部门发现了。有关部门立即给予了严肃处理，调离了相关人员。

企业是市场经济活动的主体。随着我国企业国内外的商务活动日益频繁，竞争也日趋激烈，传统的交易往来方式已经越来越广泛地被信用衍生产品所取代。在这样的环境条件之下，我们很难想象一个严重缺乏诚信的行业可以获得良性发展。

因而，几乎所有企业都高举"以人为本，诚信至上"的旗帜。但实践中是否能坚持"诚信至上"，则直接决定着企业的生死存亡。

"诚招天下客，誉从信中来"是经商精神之精髓。只有坚守住这一点，企业才能发达、壮大、长久，永远立于不败之地。

徽商发端于东晋，兴盛于唐宋，明朝和清朝的时候发展鼎盛。此时的徽商活跃于大江南北、黄河两岸，远达日本、东南亚等各国。

"诚""信""义""仁"是徽商数百年的经营之道。他们本着先义后利、义中取利的理念挺进市场,恪守货真价实、童叟无欺、以义取利、互惠互利等基本道德,从而赢得了广大生产者和消费者的信任和青睐,使他们生意兴隆,财源滚滚。

清代徽商吴南坡说,"有人贸诈,吾宁贸信,终不以五尺之童为欺"。徽商在给我们留下了丰厚物质遗产的同时,也给我们留下了世代受益无穷的徽商精神。

从某种意义上讲,诚信是企业的第一生命。企业只有始终坚持诚信,才能树立企业品牌,企业才能长远强大发展。

**(二)诚信是一个人的立身之本**

诚信是一个人必须具备的道德素质和品格,是踏入社会、扎根社会的通行证,是实现自我价值和社会价值的最大资本。

个人品德的修养首先是要有一颗真诚的心。所谓"诚",首先是"毋自欺",不自己欺骗自己,而要实实在在、真真切切地做人。人如果做不到对自己真诚,其他一切品德的修炼都无从谈起。可以说,诚信所达到的程度决定着一个人修德所达到的高度。

"人无信不立",讲诚信是对人的基本要求。在人类社会的历史长河中,诚信的原则都是人在行为选择中需要遵从的第一原则。

"没有至少一定程度的诚信,个人就站立不起来。说出话来没人信你,连你自己也会感到怀疑、感到绝望。你自己成了前后不一、言行不符的断片,而不是一个完整的人,更不要说谎言和不守诺将给社会带来的危害以及它在道德上属于恶这样一种基本性质了"。①

因而,一个人只有首先对自己诚信,才能自立、自信;反之,必然导致"自欺"。自欺的人也必然会欺人,这样一来,良好的、和谐的人际关系就难以建立。

正如古人所言:"学者不可以不诚,不诚无以为善,不诚无以为君子。修学不以诚,则学杂;为事不以诚,则事败;自谋不以诚,则是欺其心而自弃其忠;与人不以诚,则是丧其德而增人之怨。"(《河南程氏遗书》卷二十五)

诚信是做人最起码的道德品质,是为人处世最基本的行为规范,是各种职业道德的精髓。一个不具备诚信品质的人,将无法获得他人的信任和尊重,将无法获得社会的支持和帮助,最终会被他人和社会所唾弃。一个真诚而讲信用的人,自然会受到他人和社会的尊重与青睐。

正因为诚信无比重要,习近平总书记在2020年7月21日下午召开的企业家座谈会上,希望企业家诚信守法。他说:"'诚者,天之道也;思诚者,人之道也。'人无信不立,企业和企业家更是如此。社会主义市场经济是信用经济、法治经济。企业家要同方方面面打交道,调动人、财、物等各种资源,没有诚信寸步难行。由于种种原因,一些企业在经营活动中还存在不少不讲诚信甚至违规违法的现象。法治意识、契约精神、守约观念是现代经济活动的重要意识规范,也是信

---

① 何怀宏:《良心论——传统良知的社会转化》,上海三联书店1998年版,第138页。

用经济、法治经济的重要要求。企业家要做诚信守法的表率，带动全社会道德素质和文明程度提升。"

### （三）培养诚信的经营管理思想

诚信对企业生存、发展、壮大的意义，是毋庸多言的。那么，在市场经济的条件下，国企干部怎样践行诚信呢？践行诚信，需要培养诚信的经营管理思想。

第一，实事求是，求真务实。践行诚信，首要的一步，是要做到"诚"，即言而有诚，不说空话，不自欺、不传递虚假信息。有些人往往信誓旦旦地许了诺，但是由于说了不切实际的大话、空话，结果没有能力或根本无法兑现，最终落个不守信用的鄙夷评价。

要做到"诚"，必须要实事求是，求真务实。这是诚信要求的首要之点。

实事求是，就是要搞清楚"事实"，不歪曲事实，不夸大、不缩小事实，一切以事实为基础和依据。

求真务实，就是一切从实际出发，想问题、办事情、做决策，都要把客观存在的实际事物作为根本出发点。

力求实事求是、求真务实，是诚信的基础和前提条件。没有"诚"，就没有真正的"信"。

第二，信守诺言，兑现承诺。信守诺言，兑现承诺，是诚信之"信"的根本要求。如果只有信誓旦旦的承诺，而没有身体力行地兑现，所谓承诺就是一张空头支票，没有任何价值。

信守诺言，兑现承诺，是忠实地遵守承诺的话，并践行承诺的事情。古人云："一言既出，驷马难追"，"一言九鼎，一诺千金"。既然承诺了，就要忠实地遵守，就要想方设法去兑现。

信守诺言，兑现承诺，无论是对于个人、企业，还是对于国家，都非常重要。

一个人如果只是信口开河，而不去兑现，就会失去别人的尊重和信任；一个组织如果只是空喊美好的社会理想，而不去践行，就会失去公信力；一家企业如果总是靠虚假广告来坑蒙客户，而不去实践，就会失去客户的支持。

第三，义利合一，持之以恒。诚信的社会基础是以交往双方的共同利益为前提的，正如英国著名哲学家休谟在其《人性论》中所指出的，许诺是人的以社会的需要和利益为基础的发明。

诚信只能在诚信主体之间存在某种共同利益特别是共同根本利益的情况下才出现。例如，在非正义性战争中，战争双方的根本利益矛盾是对抗性的，他们之间没有诚信可言，之所以有"声东击西""兵不厌诈""明修栈道，暗度陈仓"等计谋的存在，就是因为交战双方没有根本的共同利益，缺乏诚信存在的基础。

诚信不仅与"利"密切相关，还与"义"紧密相连，即"义利合一"。

"义利合一"有两层含义：一是以公益为利，义即是利，义利不分；二是承认谋利活动有正当性，但必须要用道德对其进行规范。所谓君子爱财，取之有道。只有秉承以义，取利，以利济世，方是正确的经营之道。

唐代柳宗元所著《柳河东集·宋清传》记载，唐朝时，长安城里有一位著名的药商叫宋清。宋清人品好，收集药材很严格。他配的药是药到病除，并且价格合理。所以，来他这里卖药、买药的人都很多。更重要的是，宋清卖药，如果对方一时无钱付账，可以欠账，宋清总是说："治病救人要紧。钱什么时候有，再送来就是了。"

人们因此十分赞赏他的人品。有的人家药费拖了一年，仍无钱付账，宋清也从不上门讨账，每到年底，宋清总要烧掉欠条。有人对此颇不理解。宋清却说："我卖药挣钱不过是为了养家糊口，我现在生活得已经很好了。卖药多年，我烧掉很多欠条，这些人并非是故意赖账，有的人后来当了官，发了财，即使没有欠据，他照样会加倍还我，真正不能还的毕竟是少数。如果像有些商人，对欠账的人不依不饶，怎么会有这么多的买主上门求药？"

宋清正确地处理了"利"与"义"的关系，赢得了众人的敬重，他的生意也就随之越做越大，成了有名的富商。

诚信的内发性和渐成性等特点，决定了诚信的形成不是一蹴而就的，也不是一劳永逸的。社会生活中某一次的诚信行为并不意味着诚信的最终形成；社会生活中某一次背信弃义的行为却有可能造成前功尽弃的残局。因而，诚信需要持之以恒地维持，需要持续不断地发展。

以诚信为基础的管理经营能使企业在日益激烈的市场中战胜竞争对手，立于不败之地。美国通用电气公司就是靠诚信的管理思想而不断走向辉煌的：

常有人问通用电气总裁韦尔奇："在通用电气，你最担心什么？

什么事会使你彻夜不眠？"这位在全球备受推崇的CEO回答："诚信。"

韦尔奇明确告诫员工，诚信是通用电气全体员工100多年来所创造的无价资产，如果违反了这两个字，公司将停滞不前。

作为一家全球性的跨国公司，通用电气在100多个国家开展业务，员工的国籍各不相同。为了规范公司的业务经营活动以及员工的行为，通用电气制定了员工行为准则，并在此基础上又制定了一整套的诚信制度。在执行诚信政策时，通用电气不仅要求自己的员工严格遵守，还要求所有代表公司的第三方，如代理、销售代表、经销商等承诺使用通用电气的诚信政策。

接触通用电气公司，人们会发现，这里的员工人手一本公司诚信政策手册。每到年末，公司便与员工签署"员工个人的诚信承诺"。

这一诚信政策涵盖了与客户和供应商的关系、与政府部门的交往、全球性的竞争、公司社区和保护公司资产等内容。如诚信政策规定，员工只能通过合法和符合道德标准的方式来开展业务，不得为获取不当利益而向客户或供应商提供任何好处。再如，公司要求员工不得从供应商、客户或竞争者处接收超过一般价值的礼物。

通用还有个特殊的"黑名单"，专门列出那些企图行贿的承包商或供应商，以提醒每位员工在进一步的接触中提高警惕。

不独美国通用电气公司，"综观华商的创业历程，没有哪一个成功的人是不讲诚信的"。香港中华总商会副主席、"金利来"的创始人曾宪梓在谈及华商的成功之道时，特别强调"诚信"的关键性作用。"广东话讲'牙齿出金石'，就是说一言九鼎，落地成诺。无论企业大小，都要以诚信作为首要的出发点。"曾先生言辞恳切。

## 三、学习修养扩大自身格局

清代名臣曾国藩有言："谋大事者，首重格局。"格局，词典上解释说："格是对认知范围内事物认知的程度，局是指认知范围内所做事情以及事情的结果，合起来称之为格局。"

词典上对格局的定义很科学，但不通俗。在我看来，格局，就是一个人的心胸和眼界。

据说中国近代著名红顶商人胡雪岩（1823—1885年）有一段名言："如果你有一乡的眼光，你可以做一乡的生意；如果你有一县的眼光，你可以做一县的生意；如果你有天下的眼光，你可以做天下的生意。"这说的就是格局和事业的关系。

如此说来，格局决定着一个人事业的大小强弱和兴衰成败。胸怀天下，才能驰骋天下。这也是为什么习近平总书记强调企业家要有"社会责任和国际视野"。

### （一）读书学习是必不可少的条件

荀子云："学者非必为仕，而仕者必如学。"（荀子《荀子·大略篇第二十七》）这句话的意思是说，学习的人不一定要当领导，而当领导的人则必须要学习。

第一，学习是国企干部真正的看家本领。学习是国企干部的本领，而且是真正的看家本领。因为：

学习可以拓宽视野，增强洞察力。2014年5月，习近平总书记在上海考察期间，对提高上海干部队伍的本领寄予厚望，他希望上海干部"视野更开阔、知识更复合、作风更扎实"。①

这不仅仅是习近平总书记对上海干部的希望，也是对全国所有干部的殷切希望。国企干部不能辜负习近平总书记的希望，应该通过学习，来开阔自身的视野。

视野开阔，方能看得高远。《庄子·秋水》云："井蛙不可以语于海者，拘于虚也；夏虫不可以语于冰者，笃于时也；曲士不可以语于道者，束于教也。"

在庄子看来，井里的青蛙你无法跟它谈大海，因为它的眼界受到狭小的生活环境所局限；夏天生死的虫子你无法跟它说冰雪是什么样子，因为它的眼界受到气候时令的限制；而孤陋寡闻的人，你无法跟他谈论大道理，因为他的眼界困于所受教育条件的束缚。

那什么时候可以跟他们谈论大道理呢？《庄子·秋水》给出了答案："尔出于崖，观于大海，乃知尔丑，尔将可与语大理矣。"

这就是说，当他走出狭隘的河岸，向大海观看，知道自己孤陋寡闻的时候，就可以跟他谈论大道理了。庄子这里是借秋水来说明视野的重要。

如何开阔视野，增强洞察力？1939年2月28日毛泽东同志就给出了答案。毛泽东同志在延安第十八集团军总兵站检查工作会议上说

---

① 本报评论员：《勇于争先敢于担当》，《解放日报》，2014年5月30日。

过:"有了学问,好比站在山上,可以看到很远很多东西;没有学问,如在暗沟里走路,摸索不着,那会苦煞人。"

这段话说得非常明确。要视野开阔,增强洞察力,就得有学问。学问如何来?答案是两个字:学习。所以十九大报告把增强学习本领放在"八大本领"之首。

"八大本领"即"学习本领、政治领导本领、改革创新本领、科学发展本领、依法执政本领、群众工作本领、狠抓落实本领、驾驭风险本领"。

学习可以放大格局,增强预见力。一个有格局的国企干部眼界开阔,气度博大,胆识超群,思考问题,既有历史的深度,又有世界的宽度,更有未来的高度。

事实上有格局的国企干部,才是真正的领导人物。正如毛泽东同志在中共七大会议上所言:"坐在指挥台上,如果什么也看不见,就不能叫领导。坐在指挥台上,只看见地平线上已经出现的大量的普遍的东西,那是平平常常的,也不能算领导。只有当还没有出现大量的明显的东西的时候,当桅杆顶刚刚露出的时候,就能看出这是要发展成为大量的普遍的东西,并能掌握住它,这才叫领导。"

这就是说,领导得有预见力。心中没有格局或者格局太小,都难成大事,也难以成为新时代国企的好干部。

我们正在决胜全面建成小康社会,并在全面建成小康社会的基础上,到2035年基本实现现代化,再奋斗十五年,把我国建成富强民主文明和谐美丽的社会主义现代化强国。这是一个伟大的梦想。习近平总书记在十九大报告中说：

"实现伟大梦想，必须进行伟大斗争。社会是在矛盾运动中前进的，有矛盾就会有斗争。我们党要团结带领人民有效应对重大挑战、抵御重大风险、克服重大阻力、解决重大矛盾，必须进行具有许多新的历史特点的伟大斗争，任何贪图享受、消极懈怠、回避矛盾的思想和行为都是错误的。"

"实现伟大梦想，必须建设伟大工程。这个伟大工程就是我们党正在深入推进的党的建设新的伟大工程。"

"实现伟大梦想，必须推进伟大事业。中国特色社会主义是改革开放以来党的全部理论和实践的主题，是党和人民历尽千辛万苦、付出巨大代价取得的根本成就。"

伟大斗争，伟大工程，伟大事业，伟大梦想，需要党和国家在经济领域的执政骨干——国企干部放大自己的格局。

俗话说："再大的烙饼也大不过烙它的锅。"作为党和国家经济领域执政骨干的国企干部，心中如果没有大的格局，是盛不下伟大斗争，伟大工程，伟大事业，伟大梦想的。有大格局才有大抱负，有大抱负才有大目标，有大目标才有大作为。如果没有海的胸怀，怎么能有海的事业？

国企干部如何扩大格局？答案还是两个字："学习"。

学习可以提升本领，增强领导力。著名科学家牛顿说："如果说我比别人看得更远些，那是因为我站在了巨人的肩上。""站在了巨人的肩上"就是向巨人学习。

国企干部要做好国企领导工作，需要有各种各样的本领。这些本领如何获得？答案亦然是两个字："学习"。

"读书足以怡情，足以长才，读史使人明智，读诗使人聪慧，演算使人精密，哲理使人深刻，道德使人高尚，逻辑使人善辩。"培根的话是经验的总结。

习近平总书记在2013年3月1日中央党校80周年校庆的讲话中也说过："学史可以看成败、鉴得失、知兴替；学诗可以情飞扬、志高昂、人灵秀；学伦理可以知廉耻、懂荣辱、辨是非。"

学习，对于担负着为中国人民谋幸福，为中华民族谋复兴使命的国企干部来说尤为重要。这也正如习近平总书记《在欧美同学会成立100周年庆祝大会上的讲话》中所说："梦想从学习开始，事业从实践起步。当今世界，知识信息快速更新，学习稍有懈怠，就会落伍。有人说，每个人的世界都是一个圆，学习是半径，半径越大，拥有的世界就越广阔。"

总而言之，学习可以让国企干部以更宽广的视野、更长远的眼光来思考和把握党、国家和企业未来发展面临的一系列重大战略问题。

第二，复杂的工作要求国企干部博闻多知。关于国企干部学习的重要性，已经如上所述。现在需要回答的是学什么的问题。曾国藩说："天下最难的是当官。"这话并非是曾国藩凭空而发的感慨，而是他多年官场生涯的真实感悟。可以说，国企领导工作的复杂性比任何教科书中写到的都要复杂。

复杂的国企工作，要求国企干部博闻多知，具有复合型的知识结构。

学习政治理论。理论作为一种揭示、反映客观事物规律的科学体系，与实践有着密不可分的联系。它来源于实践，又对实践起指导作用。科学的理论，可以指导人们正确认识和解决社会活动中出现的各种复杂的情况和问题，可以帮助人们深刻地、准确地理解党的路线、方针、政策，自觉地、创造性地贯彻执行，可以提高人们探索解决新的政治经济社会文化基本问题的本领。总之，人们的行动，如果没有科学的理论指导，必然陷入盲目。

作为党的国企干部，其行动，尤其离不开科学理论的指导。这正如列宁所指出的："没有革命理论，就不会有坚强的社会主义政党，因为革命理论能使一切社会主义者团结起来。他们从革命理论中能取得一切信念，他们能运用革命理论来确定斗争方法和活动方式。"因此，各级干部增强学习本领，首要的一条，就是要努力学习政治理论知识。当前，最重要的是学习习近平新时代中国特色社会主义思想。

学习专业业务知识。所谓专业业务知识，主要是指与国企干部工作业务相关的专业知识。

国企干部要确保自己成为真正的内行领导，就必须认真学习和掌握专业业务知识。只有这样，才能正确认识本行业的特点，才能准确把握本行业发展变化的规律，并根据本行业的特点和发展变化的规律，做出正确的决策。否则，以其昏昏，是不能使人昭昭的。心理学家认为，使人信服的权威性主要体现在专业性上。

学习领导专业知识。现实的社会，规模庞大，因素众多，结构复杂，尤其是在全面建成小康社会决胜阶段、中国特色社会主义进入新时代的关键时期，"发展不平衡不充分的一些突出问题尚未解决，发展质量和效益还不高，创新能力不够强，实体经济水平有待提高，生态环境保护任重道远；民生领域还有不少短板，脱贫攻坚任务艰巨，城乡区域发展和收入分配差距依然较大，群众在就业、教育、医疗、居住、养老等方面面临不少难题；社会文明水平尚需提高；社会矛盾和问题交织叠加，全面依法治国任务依然繁重，国家治理体系和治理能力有待加强；意识形态领域斗争依然复杂，国家安全面临新情况；一些改革部署和重大政策措施需要进一步落实；党的建设方面还存在不少薄弱环节"①。这无疑对各级干部，也包括国企干部提出了新的挑战和更高的要求。国企干部如果仅凭以往的领导经验来进行领导，不仅不能适应新时代的要求，也是不能实现有效领导的。

实践中，一些国企干部决策失误、用人失察，工作效率不高，其中很重要的原因之一，就是缺乏领导专业知识。因此，国企干部要想成为领导的内行，必须掌握娴熟的领导专业知识。

领导专业知识的核心是领导科学。领导科学是一门研究领导工作的特有矛盾和规律的一门学问。掌握领导科学知识，能使国企干部更好地把握领导规律和领导方法，提升领导工作能力和领导艺术水平。

学习法律知识。建设法治国家，国企干部必须是一个法治型的领导干部。因此，国企干部要把法律知识作为必修课来学习。

---

① 习近平：《决胜全面建成小康社会　夺取新时代中国特色社会主义伟大胜利——在中国共产党第十九次全国代表大会上的报告》，人民出版社，2017年。

通过法律知识的学习，培养法治思维和法治方式。所谓法治思维，"就是将法治的诸种要求运用于认识、分析、处理问题的思维方式，是一种以法律规范为基准的逻辑化的理性思考方式"[①]。所谓"法治方式，就是运用法治思维处理和解决问题的行为方式"[②]。

2013年2月23日，习近平总书记在中共中央政治局第四次集体学习时强调："各级领导机关和领导干部要提高运用法治思维和法治方式的能力，努力以法治凝聚改革共识、规范发展行为、促进矛盾化解、保障社会和谐。"而要强化法治思维，提高法治能力，就需要学习法律法规知识。

学习"四史"知识。四史，即党史、新中国史、改革开放史、社会主义发展史。毛泽东同志早就要求领导干部要好好学历史，他说，指导一个伟大革命运动的政党，如果没有革命理论，没有历史知识，没有对于实际运动的深刻的了解，要取得胜利是不可能的。习近平总书记在2011年中央党校秋季学期开学典礼上也说过："哲学是人类的智慧之学，历史是前人的实践和智慧之书。"他还在不同的场合强调："历史是最好的老师"，"历史是最好的教科书，也是最好的清醒剂"。"中国共产党的历史是一部丰富生动的教科书"。因此，他强调："中国的今天是从中国的昨天和前天发展而来的。要治理好今天的中国，需要对我国历史和传统文化有深入了解，也需要对我国古代治国理政的探索和智慧进行积极总结。"他要求："学习中国近现代史要特别注

---

[①][②] 张立伟：《什么是法治思维和法治方式》，《学习时报》，2014年3月31日。

意学习中国共产党的历史。"

历史是一面明镜，它可以透视、折射出前人的成功与失败，从而帮助我们认识现在，预测未来，少走弯路，免走岔路，少犯错误，或不犯错误。

除此之外，国企干部还应该学习其他自然科学和社会科学知识。国企的领导活动是一项具有复杂性、综合性特点的社会实践活动。这一特点，决定了国企干部必须具有广博的自然科学和社会科学的知识，才能有效地、成功地驾驭领导工作。正如列宁所说的，只有用全人类的科学文化知识武装自己，才能成为一个共产主义者。

第三，善于运用学到的理论来解决实际问题。国企干部虽然要"博闻多知"，但仅有"博闻多知"还当不了也当不好国企干部。如果"博闻多知"就能当国企干部，最有资格当国企干部的，应该是大学教授和博士。而事实上，许多大学教授和博士做不好国企领导工作。

因此，国企干部不仅要"博闻多知"，还要善于运用学到的理论知识来解决实际问题。

明末清初著名思想家顾炎武提倡经世致用之学，他所提倡的"通儒之学"就是面向社会、实践和现实的："综贯百家，上下千载，详考其得失之故，而断之于心，笔之于书。其术足以匡世，其言足以救世，是谓通儒之学。"

清朝经世派主要代表人物、道光朝重臣陶澍则将读书解决实际难题概括为"实学"："有实学，斯有实行，斯有实用；非是，则五石之瓠，非不枵然大也，其中乃一无所有。"陶澍的这段话意在强调学以致用、解决实际难题的重要性。

国企干部要善于用学到的理论分析、研究企业经营发展中的实际问题。早在1942年，毛泽东同志就曾说过："对于马克思主义的理论，要能够精通它、应用它，精通的目的全在于应用。"毛泽东同志的这段话精辟地阐明了理论联系实际的重要性。的确，如果国企干部学习了马克思主义理论知识，却不去应用它，那么，这种理论再好，也是没有用处的。

理论联系实际，不是理论与实际的简单对应。它是要运用马克思主义的立场、观点和方法，去分析、研究中国特色社会主义现代化建设中的实际问题，通过分析研究，得出创造性的新结论，找出解决问题的新方法。正如毛泽东同志所说的："中国共产党人只有在他们善于应用马克思列宁主义的立场、观点和方法，善于应用列宁斯大林关于中国革命的学说，进一步地从中国的历史实际和革命实际的认真研究中，在各方面作出合乎中国需要的理论性的创造，才叫作理论和实际相联系。"

我们正处在决胜全面建成小康社会，夺取新时代中国特色社会主义伟大胜利，为实现中华民族伟大复兴的中国梦不懈奋斗的新时代，国有企业有许多新情况需要国企干部去了解，有许多新问题需要国企干部去解决，国企干部必须要用学到的理论分析、研究国有企业改革发展中的实际问题，这样才算真正做到了理论联系实际。

国企干部理论联系实际，要善于脚踏实地地进行调查研究。理论联系实际，有两个环节是必须要保证的：一是掌握马克思主义理论，

第七章 | 扩大格局,在爱国诚信等方面不断提升自己

一是搞好调查研究。搞好调查研究是为了了解实际,使理论与实际的联系有的放矢。

实际虽然是客观存在的事物,但并非所有的人都能正确地认识它。只有通过调查研究,我们才能达到正确认识它的目的。正如毛泽东同志所指出的:"你对于那个问题不能解决吗?那末,你就去调查那个问题的现状和它的历史吧!你完完全全调查明白了,你对那个问题就有解决的办法了。一切结论产生于调查情况的末尾,而不是在它的先头。只有蠢人,才是他一个人,或者邀集一堆人,不作调查,而只是冥思苦索地'想办法','打主意'。须知这是一定不能想出什么好办法,打出什么好主意的。换一句话说,他一定要产生错办法和错主意。"毛泽东同志还强调:"一切实际工作者必须向下作调查。对于只懂得理论不懂得实际情况的人,这种调查工作尤有必要,否则他们就不能将理论和实际相联系。"可见,调查研究是理论联系实际不可或缺的桥梁。

习近平总书记也非常重视调查研究。2004年4月9日他在浙江富阳市调研时的讲话中指出,调查研究是"一个了解情况的过程"、"一个推动工作的过程"、"一个联系群众、为民办事的过程"、"一个自我学习提高的过程",他还鼓励各级干部要"学会搞调查研究"。

2011年11月16日他在中央党校秋季学期第二批入学学员开学典礼上的讲话中也强调:"通过深入实际调查研究,把大量和零碎的材料经过去粗取精、去伪存真、由此及彼、由表及里的思考、分析、综合,加以系统化、条理化,透过纷繁复杂的现象抓住事物的本质,找

193

出它的内在规律,由感性认识上升为理性认识,在此基础上作出正确的决策,这本身就是领导干部分析和解决问题本领的重要反映,也是领导干部思想理论水平和工作水平的重要反映。"

调查研究需要有脚踏实地的精神,求真务实的作风。只有脚踏实地,求真务实,才能掌握真实的情况,从而为理论联系实际提供有价值的、真实的实际。正如习近平总书记2003年2月10日在浙江省委理论学习中心组学习会上的讲话中所言:"在调查研究工作中,一定要保持求真务实的作风,努力在求深、求实、求细、求准、求效上下功夫。"

调查研究需要有实事求是的态度。只有实事求是,才能像陈云同志所说的,不唯上,不唯书,只唯实。只有实事求是地调查研究,才能得出正确的结论,从而正确地用学到的理论解决实际问题。

德国的克劳塞维茨在其《战争论》中指出:"人的智力是通过他所接受的知识和思想培养起来的。"的确,离开知识的积累,脱离知识的依托,是谈不上智力的开发,智慧的生成的。国企干部也是如此。知识是国企干部智慧的源泉。国企干部只有具有了广博的知识,具有了复合的知识结构,才能生成无尽的智慧,从而治企有方,兴企有为。

## (二)确立科学思维方式至关重要

思维是人类所特有的一种精神活动。它是在表象、概念的基础上进行分析、综合、判断、推理等认识活动的过程。科学的思维方式有助于国企干部正确分析形势、预测未来，有助于国企干部拓展视野，扩大格局。

第一，战略思维。这是站在全局、长远的角度来观察思考问题的一种思维方式。它解决的是组织发展的方向性、长远性和全局性的问题，其目标是指向组织的长期运作。

战略思维是习近平总书记重点强调的一种思维方法。2014年8月，习近平总书记在纪念邓小平同志诞辰110周年座谈会上的讲话中指出："战略问题是一个政党、一个国家的根本性问题。战略上判断得准确，战略上谋划得科学，战略上赢得主动，党和人民事业就大有希望。"

战略思维对于国企干部扩大格局作用重大。国企干部具有战略思维，才能在谋划工作时全盘考虑，长远考量，而非急功近利，只见树木，不见森林。

《吕氏春秋·察微》曾经记载过这样一件事：春秋的时候，鲁国有一条法规，鲁国人到其他诸侯国去旅行，如果看到有本国的人在那里沦为奴隶，可以自己垫钱把他先赎回来，等回国之后再到官府去报销，并领取一定的奖金。

孔子的学生子贡，在外出旅行的时候，看到有鲁国人在他国做奴仆，便自己掏钱把他给赎出来了。子贡回国之后，却没有去官府报销和领取奖金。

孔子知道这件事情之后，批评了子贡。孔子说："你错了。圣人做事，可以移风易俗，并教育引导百姓去做，并非单独适合你自己的行为。现如今鲁国富裕的人少而贫穷的人多，你去官府报销并领取奖金,并不损害你的品行;而你拒绝到官府报销和领取奖金,则鲁国人以后再不会有人去赎人了。"

(原文:鲁国之法,鲁人为臣妾于诸侯,有能赎之者,取其金于府。子贡赎鲁人于诸侯而礼让其金。孔子曰:"赐(名子贡)失之矣!夫圣人之举事,可以移风易俗,而教导可施于百姓,非独适己之行也。今鲁国富者寡而贫者多,取其金则无损于行,不取其金,则不复赎人矣。《吕氏春秋·察微篇》)

按照一般人的看法,子贡自己掏钱赎人而不去官府报销和领取奖金,这是为人仗义、品德高尚的表现。既然如此,他为什么还要受到孔子的批评?让人不解。

原来,子贡之所以受到孔子的批评,是因为在孔子看来,子贡的做法是"为小道而弃大道"。这样做的结果,是以后他人在国外看到鲁国人沦为奴隶,就要对是否垫钱把他赎出来产生犹豫:如果自己垫钱把他赎出来再去官府报销领奖,人们就会说自己不仗义,不高尚;而不去官府报销,自己的损失谁来弥补?于是,多一事不如少一事,他便会假装没看见。

明代的袁了凡在其所著的《了凡四训》中认为,孔子对子贡的批评,是"知人之为善,不论现行而论流弊;不论一时而论久远;不论一身而论天下。现行虽善,其流足以害人,则似善而实非也;现行虽不善,而其流足以济人,则非善而实是也。"

袁了凡的这段话的意思是说，要了解一个人做的事是否为善事，不看眼前，而看长远；不看一时，而看一世；不看一身，而看天下。现在所为，虽然是善，但是如果流传下去，对人有害，那就虽然像善，实际还不是善；现在所行，虽然不是善，但是如果流传下去，能够帮助人，那就虽然像不善，实际倒是善！

应该说，子贡的做法就个人来讲，无疑是正确的。体现了他的仗义、他的高尚。但是，对国家来讲，则是不正确的。因为他从客观上破坏了国家的法律。他个人的"小局"损害了国家的"大局"。

由这件事情可见，孔子是个具有战略思维的圣人，他看问题透过眼前，看到长远；透过局部，看到全局。

2019年5月，习近平总书记在江西考察时指出："领导干部要胸怀两个大局，一个是中华民族伟大复兴的战略全局，一个是世界百年未有之大变局，这是我们谋划工作的基本出发点。"习近平总书记的这段话强调的就是世界眼光和战略思维，强调的就是领导干部要善于观大势、谋大局、抓大事。

第二，创新思维。这是一种以新颖独创的方法来分析和解决问题的思维方式。国企干部具有创新思维，才能大胆地冲破思想观念的束缚，永远保持不断进取的精神状态，找到解决企业内外疑难问题的新思路。正如古人所说的"苟日新，日日新，又日新"。

沈括所著的《梦溪笔谈·权智》篇中记载的一段历史故事，就是用创新思维解决疑难问题的经典案例。

宋大中祥符年间（1008—1016年），皇宫因为发生火灾而被毁。

皇上命令大臣丁谓（966—1037年）来主持皇宫的重建事宜。

重建皇宫，需要沙土，外地的石料、木材等也需要运送到工地，被烧坏的皇宫瓦砾也需要处理。

怎样解决这三大难题？丁谓命令工匠们从皇宫前的大街上挖沟取沙土。没有几天的时间，大街的道路被挖成了大沟。丁谓又让人把汴河水引入大沟。随后，重建皇宫需要的石料、木材等从各地源源不断地通过这一沟渠运到了宫门口。皇宫修复后，丁谓又让工匠们把废弃的瓦砾填进沟里，重新修成了街道。

沈括对这件事情评论说："一举而三役济，省费以亿万计。"丁谓用创新思维做了一件事情而完成了三项任务，节省的费用数以万计。

第三，辩证思考。辩证思考，是指能够用发展变化的、事物普遍联系的和一分为二的观点来认识事物的一种思考方式。李瑞环的《辩证法随谈》就处处充满着辩证的思考。请看书中收录的两段话：

夏天有苍蝇、蚊子，但夏天能长出我们所必需的粮食和各种作物；冬天虽然少一些害虫，但冬天也不长庄稼。因此，谁也不会希望总是过冬天。

这是1995年6月22日李瑞环会见巴西总统卡多佐时的谈话中的一段话。

按锁配钥匙，锈锁先膏油。把思想问题比作锁，是先有锁，

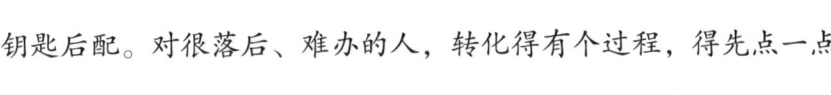

钥匙后配。对很落后、难办的人，转化得有个过程，得先点一点儿油，慢慢再捅，不然不是把锁捅坏了，就是把钥匙弄断了。

这是1989年11月8日李瑞环在京津沪企业思想政治工作研讨会上的讲话中的一段话。

李瑞环认识问题、分析问题和解决问题处处充满着辩证的观点。

### （三）加强道德品质修养不可或缺

国企干部扩大格局离不开道德品质修养。因为格局大的人有以下几大特征：

虚怀若谷，从善如流。他们的胸怀像山谷那样深而且宽广，善于接受别人意见和观点，像流水那样快而自然地乐于听取正确的意见，接受善意的规劝。

豁达从容，胸怀宽广。他们善于听取不同的意见和建议，尤其能容得下"杂音"，听得进任何批评。

淡泊名利，不事张扬。他们能超脱世俗的诱惑和困扰，以平常之心对待名誉和利益。即使是取得了成就，也是不张扬炫耀。

见识卓著，眼光高远。他们站得高，看得远，不畏浮云遮望眼。

第一，经常反省自己。有人问古希腊犬儒学派创始人安提司泰尼："你从哲学中获得了什么？"他回答说："发现自己的能力。"

国企干部要加强道德品质修养，也需要有发现自己的能力，并用这种能力来认识自己，来进行自我评价。发现自己的优点和长处，找出自己存在的缺点和不足。然后，有针对性地进行自我修养。

孔子的学生曾子曰："吾日三省吾身。"这就是经常进行自我反省。

关于自我反省，高尔基有一句名言："反省是一面莹澈的镜子，它可以照见心灵上的玷污。"

国企干部要对照"对党忠诚、勇于创新、治企有方、兴企有为、清正廉洁"这20个字的标准要求时常反省自己。看看自己哪方面做得不足，然后加以改进。

第二，勇于清扫自己。自省可以让国企干部看到自己身上的"尘埃"。但是，看到"尘埃"，只是自我修养的开始，问题的关键是要把身上的"尘埃"清扫干净。

据史书记载，明朝时官吏贪黩渐成风气。而曾经巡抚云南的杨继宗（1426—1488年）虽然身处其中，却不为之所染，以至当时掌权的太监汪直都承认："天下不爱钱者，惟杨继宗一人耳。"

杨继宗为何成为"天下不爱钱者"？因为他十分鄙视那些贪官污吏，把他们视作脏物。他每次到达新任衙所，总是先命人汲水百斛，将衙门之内全部冲洗一遍，然后才视事问政。有人问他为何这样做，他回答说："吾以除秽也。"

事实上，与其说杨继宗"洗涤厅事而后视事"，不如说他是"洗涤心灵而为官"。

古代的官吏能"洗涤心灵而为官"，我们作为党的国企干部，全心全意为人民服务的宗旨要求我们，要勇于清扫自己身上与党的要求、与人民的要求不相符合的东西，清清白白地为党和人民做好企业的治理工作。

国企干部时常反省、清扫自己，才不会让污垢积厚成疾，才不会让心灵蒙上厚厚的尘埃。毛泽东同志讲："房子是应该经常打扫的，不打扫就会积满了灰尘；脸是应该经常洗的，不洗也就会灰尘满面。我们同志的思想，我们党的工作，也会沾染灰尘的，也应该打扫和洗涤。"

做新时代最好的国企干部，不在于不犯错误，而在于从不讳疾忌医，敢于直面问题，勇于自我革命，时常清扫自己，具有超强的自我修复能力。

最后，恭祝所有的读者都能成为新时代最好的国企干部。